[Wissen für die Praxis]

Weiterführend empfehlen wir:

SGB IX – Rehabilitation und Teilhabe behinderter Menschen
ISBN 978-3-8029-7300-0

Früher in Rente
ISBN 978-3-8029-4072-9

Patientenverfügung und andere Vorsorgemöglichkeiten
ISBN 978-3-8029-4084-2

Das aktuelle Vorsorge-Handbuch
ISBN 978-3-8029-1340-2

Wir freuen uns über Ihr Interesse an diesem Buch. Gerne stellen wir Ihnen zusätzliche Informationen zu diesem Programmsegment zur Verfügung.

Bitte sprechen Sie uns an:

E-Mail: WALHALLA@WALHALLA.de
http://www.WALHALLA.de

Walhalla Fachverlag · Haus an der Eisernen Brücke · 93042 Regensburg
Telefon 0941 5684-0 · Telefax 0941 5684-111

Ertl · Marburger

Wie bekomme ich einen Schwerbehindertenausweis?

Den Antrag richtig formulieren
Ansprüche durchsetzen

11., aktualisierte Auflage

WALHALLA Rechtshilfen

Bibliografische Information der Deutschen Nationalbibliothek
Die Deutsche Nationalbibliothek verzeichnet diese Publikation in der Deutschen Nationalbibliografie; detaillierte bibliografische Daten sind im Internet über http://dnb.dnb.de abrufbar.

Zitiervorschlag:
Nikolaus Ertl, Horst Marburger, Wie bekomme ich einen Schwerbehindertenausweis?
Walhalla Fachverlag, Regensburg 2017

Hinweis: Unsere Werke sind stets bemüht, Sie nach bestem Wissen zu informieren. Alle Angaben in diesem Buch sind sorgfältig zusammengetragen und geprüft. Durch Neuerungen in der Gesetzgebung, Rechtsprechung sowie durch den Zeitablauf ergeben sich zwangsläufig Änderungen. Bitte haben Sie deshalb Verständnis dafür, dass wir für die Vollständigkeit und Richtigkeit des Inhalts keine Haftung übernehmen.
Bearbeitungsstand: März 2017

11., aktualisierte Auflage

© Walhalla u. Praetoria Verlag GmbH & Co. KG, Regensburg
Alle Rechte, insbesondere das Recht der Vervielfältigung und Verbreitung sowie der Übersetzung, vorbehalten. Kein Teil des Werkes darf in irgendeiner Form (durch Fotokopie, Datentransfer oder ein anderes Verfahren) ohne schriftliche Genehmigung des Verlages reproduziert oder unter Verwendung elektronischer Systeme gespeichert, verarbeitet, vervielfältigt oder verbreitet werden.
Produktion: Walhalla Fachverlag, 93042 Regensburg
Printed in Germany
ISBN 978-3-8029-4087-3

Schnellübersicht

Der Weg zum Schwerbehindertenausweis	7
Medizinische Fachbegriffe und Abkürzungen	8
Krankheit – Behinderung	11
Medizinische Voraussetzungen für die Anerkennung der Schwerbehinderung	41
Der Antrag auf Anerkennung der Schwerbehinderteneigenschaft	59
Bearbeitung des Schwerbehindertenantrags	89
Der Ausweis: GdB und Vergabe von Merkzeichen	97
Nachteilsausgleiche	141
Stichwortverzeichnis	157

Der Weg zum Schwerbehindertenausweis

Krankheiten, Unfälle oder genetische Anomalien können Behinderungen zur Folge haben. Diese bringen für die betroffenen Menschen sowohl im Berufsleben als auch in den zwischenmenschlichen Beziehungen Nachteile mit sich.

Der Sozialstaat bemüht sich, mit gesetzgeberischen Maßnahmen behinderten Menschen ihre Selbstbestimmung und gleichberechtigte Teilhabe am gesellschaftlichen Leben zu ermöglichen, indem er ihre Nachteile abmildert oder ausgleicht.

In diesem Sinne wurden zahlreiche Rechte zugunsten behinderter Menschen in Gesetzen und Erlassen festgeschrieben. Die Inanspruchnahme bindet der Gesetzgeber an Auflagen, zum Beispiel die Anerkennung einer Schwerbehinderung. Der vorliegende Fachratgeber unterstützt Sie Schritt für Schritt auf Ihrem Weg zum Schwerbehindertenausweis.

Die Versorgungsämter haben den Auftrag, das Anerkennungsverfahren entsprechend dem Schwerbehindertengesetz bzw. Sozialgesetzbuch – Neuntes Buch (SGB IX) – durchzuführen. Entscheidend für jeden behinderten Menschen ist, dass der Antrag zur Anerkennung einer Behinderteneigenschaft klug und umsichtig vorbereitet und abgefasst wird. Das Ergebnis einer ärztlichen Begutachtung durch das Versorgungsamt, das über den Schweregrad der Gesamtbehinderung und Behinderungsmerkzeichen entscheidet, richtet sich nach den ärztlich bescheinigten Erkrankungen.

Das Ergebnis des Verfahrens ist ein ausgehändigter Schwerbehindertenausweis. Welche Begünstigungen bzw. Unterstützungen verschafft er nun dem Antragsteller? Unter welchen Umständen ist es sinnvoll, einen Antrag zu stellen? Wie ist der Antrag auf Ausstellung des Schwerbehindertenausweises zu formulieren? Diese und alle anderen wichtigen Fragen finden Sie im vorliegenden Buch ausführlich erörtert.

Dr. Nikolaus Ertl
Horst Marburger

Medizinische Fachbegriffe und Abkürzungen

Medizinische Fachbegriffe

Adipositas	Fettsucht
Ahornsirupkrankheit	seltene Stoffwechselkrankheit
Alkaptonurie	sehr seltene erbliche Stoffwechselerkrankung
Amputation	Abtrennung eines Körperteils
Amyloidose	seltene Stoffwechselkrankheit
Anämie	Blutarmut, Mangel an roten Blutkörperchen
Anus praeter	vorverlegter Darmausgang
arterielle Verschlusskrankheit	Blutgefäßverschluss mit Folge von Sauerstoffmangel des Gewebes im Versorgungsgebiet
Arthritis	entzündliche rheumatische Gelenkserkrankung
Ascites	Wasseransammlung in der Bauchhöhle
Autismus	angeborene, unheilbare Wahrnehmungs- und Informationsverarbeitungsstörung des Gehirns
Bandscheibenprolaps	Bandscheibenvorfall
Bronchiektasien	krankhafte Erweiterung bestimmter Bereiche der Atemwege
Borreliose	Infektionskrankheit, übertragen durch Zeckenbisse
Campylobacter	Magengeschwür verursachende Bakterien
Claudikatio intermittens	schmerzhafte Gehbehinderung bei arterieller Verschlusskrankheit
Cushing-Syndrom	Krankheitsbild bei Erkrankung der Nebennieren
Dilatation	therapeutische Gefäßerweiterung
Epilepsie	Fallsucht, spontan auftretende Krampfanfälle
Fibromyalgie	Schmerzsyndrom
Galaktosämie	seltene Stoffwechselkrankheit
Gasaustauschparameter	Sauerstoff-/Kohlenwasserstoffanalyse bei der Lungenfunktionsdiagnostik
Gelenk-Endoprothese	künstliches Gelenk
Hämophilie	Bluterkrankheit
Helicobacter pylori	Magengeschwür verursachende Bakterien
Hemianopsie	Gesichtsfeldausfall

Medizinische Fachbegriffe und Abkürzungen

hepatische Enzephalopathie	durch Lebererkrankung bedingte Gehirnschädigung
Hirninsult	Gehirnschlag
Homocysteinurie	seltene Stoffwechselkrankheit
Hypertonie	Bluthochdruck(krankheit)
Immunsuppressiva	falsche Körperabwehrreaktionen unterbindende Medikamente
Insuffizienz	eingeschränkte Funktionsfähigkeit
Kammerflimmern	Herzrhythmusstörungen mit über 300 Schlägen/Min.
(dilatative) Kardiomypathie	Herzmuskelerkrankung mit krankhafter Erweiterung der Herzhöhlen
kardiovaskulär	das Herz-/Gefäßsystem betreffend
Kollagenose	Bindegewebserkrankung
Kreatininclearance	Wert, der die Filterleistung der Niere angibt
Leukämie	Krebserkrankung der Blutzellen
Lumboischialgie	Schmerzen durch Druck auf die Nervenwurzel
Lungenemphysem	Lungenblähung mit Beeinträchtigung der Atemfunktion
Lungenfibrilose	Bindegewebsvermehrung in der Lunge
Morbus Basedow	Erkrankung der Schilddrüse
Morbus Bechterew	chronisch-rheumatische entzündliche Wirbelsäulenerkrankung
Morbus Crohn	chronische Entzündung des Dünndarms
MRT	Magnetresonanztherapie (auch Kernspintomographie)
Mukoviszidose	genetisch bedingte Stoffwechselerkrankung
nephrogen	von der Niere ausgehend
Ödem	Wassereinlagerung im Bindegewebe
Osteogenesis imperfecta	krankhafte Knochenbrüchigkeit
Osteomylitis	entzündliche Erkrankung des Knochenmarks
Osteopathie	krankhafte Veränderung der Knochenstrukturen
Osteoporose	Kochengewebeschwund
PcP	chronisch-rheumatische entzündliche Gelenkserkrankung
Periostitis	entzündliche Knochenhauterkrankung
Phenylketonurie	seltene Stoffwechselkrankheit

Polyarthritis	entzündliche Erkrankung mehrerer Gelenke gleichzeitig
Polyneuropathie	Nervenleiden mit Empfindungsstörungen
Protrusion	(Bandscheiben-)Vorwölbung
Skotom	Gesichtsfeldausfall
Stent	Drahtgeflecht, das in das Koronargefäß eingesetzt wird
Ulkusbildung	Geschwürbildung
Varizenbildung	Krampfadernbildung
Zöliakie	Darmerkrankung durch Unverträglichkeit von Speisen
Zytostatika	Zellwachstum hemmende Medikamente

Abkürzungen

BGBl.	Bundesgesetzblatt
BVG	Bundesversorgungsgesetz
EDV	Elektronische Datenverarbeitung
EKG	Elektrokardiogramm
EStG	Einkommensteuergesetz
EU	Europäische Union
GdB	Grad der Behinderung
GdS	Grad der Schädigungsfolgen
MdE	Minderung der Erwerbsfähigkeit
MZ	Merkzeichen (Gesundheitliche Merkmale)
OEG	Opferentschädigungsgesetz
SGB I	Sozialgesetzbuch – Erstes Buch (Allgemeiner Teil)
SGB VI	Sozialgesetzbuch – Sechstes Buch (Gesetzliche Rentenversicherung)
SGB IX	Sozialgesetzbuch – Neuntes Buch (Rehabilitation und Teilhabe behinderter Menschen)
SGB X	Sozialgesetzbuch – Zehntes Buch (Verwaltungsverfahren – Datenschutz)
SGB XII	Sozialgesetzbuch – Zwölftes Buch (Sozialhilfe)
SGG	Sozialgerichtsgesetz
VersMedV	Versorgungsmedizinverordnung
WHO	Weltgesundheitsorganisation

Krankheit – Behinderung

Wie werden „Krankheit" und „Behinderung" definiert?..... 12
Wie kommen Behinderungen zustande?................................ 15
Sind Behinderungen vermeidbar?... 21
Leistungen zur Teilhabe 22
Bedingt Frührente die Schwerbehinderteneigenschaft? 31
Die Versorgungsämter und ihre Aufgaben 36
Verschiedene Begriffe zur Leistungsminderung 37

Wie werden „Krankheit" und „Behinderung" definiert?

Eine allgemein anerkannte, sowohl für die Medizin als auch für die Rechtsprechung und Politik verbindliche Definition des Begriffes Krankheit gibt es nicht.

Die von der Weltgesundheitsorganisation (WHO) vorgegebene indirekte Begriffsbestimmung als ein „gestörter Zustand vollkommenen körperlichen, seelischen und sozialen Wohlbefindens" ist wegen des fließenden oder wechselhaften Übergangs von Gesundheit zur Unpässlichkeit, Befindlichkeitsstörung, Krankheit, chronischem Gebrechen und Behinderung wenig hilfreich. Nach dieser Definition stellt sich automatisch die Frage: Wer ist in unserer Gesellschaft überhaupt noch gesund?

Nach dem Sozialgesetzbuch (SGB) ist Krankheit ein regelwidriger körperlicher, geistiger oder seelischer Zustand. Regelwidrig ist nach dem SGB ein Gesundheitszustand, „der von der durch das Leitbild des gesunden Menschen geprägten Norm abweicht".

Behinderung ist ein möglicher Folgezustand nach Erkrankung, wenn diese nicht abheilt. Das gilt auch bei krankhafter Veränderung von Chromosomen, die angeborene Behinderungen verursachen. Unter Behinderung versteht der Mediziner eine Störung physiologischer Funktionen, sei dies eine Einschränkung der Beweglichkeit von Gelenken, der Denkfähigkeit oder zum Beispiel der Verlust des Sehvermögens.

Die WHO definiert Behinderung einschließlich ihrer sozialen Konsequenzen durch das Vorhandensein folgender Faktoren:

- Gesundheitsschaden mit persönlichen Folgen, wie Einschränkung der Unabhängigkeit, Beweglichkeit, Freizeitaktivitäten, der sozialen Integration, wirtschaftlichen und beruflichen Möglichkeiten, sowie mit familiären Folgen wie Pflegebedarf
- funktionelle Einschränkungen
- wirtschaftliche bzw. finanzielle Belastungen
- gestörte soziale Beziehungen mit gesellschaftlichen Folgen wie Fürsorgebedürftigkeit, soziale Isolierung etc.

Definition

Was sagt das Gesetz zur Definition einer Behinderung?

§ 2 SGB IX Behinderung

(1) Menschen sind behindert, wenn ihre körperliche Funktion, geistige Fähigkeit oder seelische Gesundheit mit hoher Wahrscheinlichkeit länger als sechs Monate von dem für das Lebensalter typischen Zustand abweichen und daher ihre Teilhabe am Leben in der Gesellschaft beeinträchtigt ist. Sie sind von Behinderung bedroht, wenn die Beeinträchtigung zu erwarten ist.

(2) Menschen sind im Sinne des Teils 2 schwerbehindert, wenn bei ihnen ein Grad der Behinderung von wenigstens 50 vorliegt und sie ihren Wohnsitz, ihren gewöhnlichen Aufenthalt oder ihre Beschäftigung auf einem Arbeitsplatz im Sinne des § 73 rechtmäßig im Geltungsbereich dieses Gesetzbuches haben.

(3) Schwerbehinderten Menschen gleichgestellt werden sollen behinderte Menschen mit einem Grad der Behinderung von weniger als 50, aber wenigstens 30, bei denen die übrigen Voraussetzungen des Absatzes 2 vorliegen, wenn sie infolge ihrer Behinderung ohne die Gleichstellung einen geeigneten Arbeitsplatz im Sinne des § 73 nicht erlangen oder nicht behalten können (gleichgestellte behinderte Menschen).

Absatz 2 bezieht sich auf den zweiten Teil des SGB IX, der sich mit der Schwerbehinderung beschäftigt. Dieser zweite Teil entspricht im Wesentlichen dem früheren Schwerbehindertengesetz.

§ 2 SGB IX wurde durch das Bundesteilhabegesetz (BTHG) vom 29.12.2016 teilweise geändert. Allerdings gelten die Änderungen erst ab 01.01.2018. Überhaupt wird das SGB IX dadurch neu gefasst.

Im Entwurf der Bundesregierung zum SGB IX wird ausdrücklich darauf hingewiesen, dass eine förmliche Feststellung der Behinderung und ihres Grads nur für folgende Leistungen von Bedeutung ist:

- besondere Hilfen zur Teilhabe Schwerbehinderter am Arbeitsleben
- Nachteilsausgleiche

Beachten Sie Einzelheiten zu den zustehenden Leistungen in diesem Kapitel und in Kapitel 6.

Krankheit – Behinderung

In der Regierungsbegründung wird ferner zum Ausdruck gebracht, dass eine förmliche Feststellung nur dann erfolgen muss, wenn die Schwerbehinderung nicht offensichtlich ist. Dieser Hinweis hat in der Praxis keine besondere Bedeutung.

Leistungen und sonstige Vergünstigungen für schwerbehinderte Menschen werden im Wesentlichen nur bei Vorlage eines Schwerbehindertenausweises gewährt.

Ab 01.01.2018 zählen zu den schwerbehinderten Menschen auch behinderte Jugendliche und junge Erwachsene während der Zeit einer beruflichen Orientierung oder einer Berufsausbildung in Betrieben oder Dienststellen. Das gilt auch, wenn der Grad der

Behinderung weniger als 30 beträgt oder kein Grad der Behinderung festgestellt ist. Der Nachweis der Behinderung wird in diesen Fällen druch eine Stellungnahme der Agentur für Arbeit oder durch einen Bescheid über Leistungen zur Teilhabe am Arbeitsleben erbracht. Die Gleichstellung gilt nur für Leistungen des Integrationsamts im Rahmen der beruflichen Orientierung und der Berufsausbildung.

Der im SGB IX verwendete Begriff des schwerbehinderten Menschen entspricht dem des Schwerbehinderten, der im früher maßgebenden Schwerbehindertengesetz verwendet wurde. Infolgedessen sind die Feststellungsbescheide der zuständigen Behörden aus der Zeit vor der Geltung des SGB IX (also vor dem 01.07.2001) weiterhin gültig.

Die Schwerbehinderung (GdB von wenigstens 50) reicht allein nicht aus, um einen Schwerbehindertenausweis zu erhalten. Vielmehr muss – wie bereits erwähnt – der schwerbehinderte Mensch

- seinen Wohnsitz,
- seinen gewöhnlichen Aufenthalt oder
- seine Beschäftigung an einem Arbeitsplatz

rechtmäßig im Geltungsbereich des SGB haben. Hier sind die Vorschriften des für alle Sozialleistungsbereiche maßgebenden SGB – Erstes Buch (SGB I) relevant.

Hiernach hat jemand seinen Wohnsitz dort, wo er eine Wohnung unter Umständen innehat, die darauf schließen lassen, dass er die Wohnung beibehalten und benutzen wird.

Den gewöhnlichen Aufenthalt hat dagegen jemand dort, wo er sich unter Umständen aufhält, die erkennen lassen, dass er an diesem Ort oder in diesem Gebiet nicht nur vorübergehend verweilt.

Wie kommen Behinderungen zustande?

Die Kreissäge im Betrieb oder zu Hause trennt Finger ab, ein Sturz von der Leiter verursacht einen Wirbelkörperbruch mit Querschnittslähmung, ein Nagel springt ins Auge, Folge: Erblindung. Man spricht über Unfälle. Bei Verkehrs-, Betriebs- und Sportunfällen oder in der Freizeit können sich die unterschiedlichsten Verletzungen ergeben. Diese haben Verwundungen, Quetschungen, Verbrennungen, Knochenbrüche etc. zur Folge. Die Verletzungen sind häufig äußerlich gut sichtbar. Schwierig wird es, wenn der Verletzte bewusstlos ist, zum Beispiel aufgrund innerer Verletzungen wie einem Leberriss.

Trotz schneller Hilfe und sofortiger Versorgung kann sich ein langwieriger Heilungsprozess ergeben und unterschiedlichste Unfallfolgen wie Taubheit, Sehminderung oder Gehbehinderung zurückbleiben. Die aus den Verletzungsfolgen resultierenden bleibenden Funktionsstörungen gelten als Behinderungen oder Schwerbehinderungen.

Infektionen

Wir alle überstehen viele infektiöse Erkrankungen im Kindesalter und später als Erwachsene. Die meisten davon, wie eine saisonale Bronchitis, Darminfekte, heilen ab, scheinbar ohne bleibende Schäden zu hinterlassen.

Es kann allerdings vorkommen, dass ein sogenanntes rheumatisches Fieber im Kindesalter Herzklappenschaden und somit eine Herzfunktionsstörung oder häufige Bronchitis, Bronchiektasien (krankhafte Erweiterung bestimmter Bereiche der Atemwege) und damit eine Lungenfunktionsstörung als Behinderung zur Folge haben.

Bekanntlich schädigt eine eitrige Mandelentzündung Nieren und Herzmuskel ebenso nachhaltig wie Herpesviren die Nerven, Campylobakter (Magengeschwüre verursachende Bakterien) die Magenschleimhaut und Hepatitisviren die Leber.

Bis heute ist unklar, ob bakterielle oder virale Infektionen mit bestimmten Erregern später degenerative Gelenkerkrankungen verursachen. Mehrfach war es Gegenstand wissenschaftlicher Diskussionen, ob auch Diabetes mellitus (Zuckerkrankheit) durch Erreger verursacht werden kann.

Eine große Zahl von infektiösen Erkrankungen wie Tuberkulose, Borelliose (Infektionskrankheit nach Zeckenbissen), Aids, Pocken, Cholera, Rinderwahnsinn, Osteomyelitis (Knochenmarksentzündung) etc. führt zu schweren Organfunktionsstörungen und bleibenden Behinderungen.

Organische Erkrankungen

Unter organischen Erkrankungen versteht man die strukturelle Schädigung von Organen (z. B. Herz, Lunge, Leber, Gehirn) mit der Folge von Funktionseinschränkungen, die sich für den Patienten als Beschwerden oder Behinderungen, für den behandelnden Arzt durch Symptome wie Angina pectoris (Schmerzattacken bei koronarer Herzkrankheit), Atemnot, Schmerzen, Lähmung äußern.

Die einzelnen Organe im Körper sind nicht autonom, sie unterliegen übergeordneten Steuerungen durch Nerven und Hormone. Somit wirkt sich zum Beispiel eine Behinderung bei der Sauerstoffaufnahme in der Lunge bei Lungenfibrilose (Bindegewebsvermehrung in der Lunge) nachteilig auf Gehirn, Herz, Niere etc. aus (defizitäre Sauerstoffversorgung).

Stoffwechselstörungen wie erhöhte Fette oder Harnsäure im Blut, Diabetes mellitus, oder die weniger bekannten Stoffwechselprodukte wie Amyloid, Alkapton, Homocystein verursachen ebenfalls sekundäre krankhafte Beeinträchtigungen wie Herzinfarkt, Blindheit, Gefäßverschlüsse und diverse Entwicklungsstörungen, die zu schweren Behinderungen führen können.

Beeinträchtigungen von Steuerungsfunktionen

Störungen der Steuerungsfunktionen von hormonproduzierenden Drüsen (wie Wachstumsstörungen, Unfruchtbarkeit, Basedow, Cushing-Syndrom), des Nervensystems (Multiple Sklerose, Polyneuropathie), der blutbildenden Organe (Leukämie, Blutgerinnungsstörung, Blutarmut) und des Immunsystems (Infektanfälligkeit, Aids) sind für zahlreiche folgenschwere Erkrankungen verantwortlich.

Hierzu gehören auch allergische Reaktionen, die so intensiv auftreten können, dass sie eine Erwerbsminderung bewirken (z. B. Mehlallergie bei Bäckern) und als Behinderung gelten.

Viele Krankheiten und damit auch Behinderungen verschuldet der Patient durch seine unvernünftige Lebensweise bzw. Ignoranz gegenüber präventiv-ärztlichen Mahnungen zumindest teilweise mit. Heute weiß jeder, dass Nikotinsucht, ja selbst das Passivrauchen zum Herzinfarkt führen kann, übermäßiger Alkoholkonsum zur Leberzirrhose (Leberschrumpfung) und Rauschgiftabhängigkeit zu psychischem Versagen.

So führt die Fress-Sucht aufgrund der daraus resultierenden Gewichtszunahme hauptsächlich durch Überlastungsfolgen des Bewegungs- und Stützapparats sowie durch Bluthochdruck und Stoffwechselstörungen zu Behinderungen.

Bewegungsmangel ist Gift für uns Wohlstandsbürger. Die physische Belastung im Betrieb wurde uns von Maschinen abgenommen, unterwegs sind wir meist mit dem Auto. Zu Hause suchen wir in einem bequemen Sessel vor dem Fernsehschirm Erholung – Erholung von viel Stress, keineswegs von schwerer körperlicher Arbeit.

Bei uns Menschen ist eine bestimmte Menge an täglich zu absolvierender körperlicher Bewegung genetisch verankert. Wenn dieser Bedarf an Bewegung unterschritten wird, kommt es zwangsläufig zur Unterforderung und Degeneration der sogenannten Versorgungsorgane unserer Muskulatur (Blutversorgung, nervliche und hormonelle Steuerung). Deshalb gilt Bewegungsmangel auch als Risikofaktor. Koronare Herzkrankheiten und Herzinfarkt führen trotz Dilatation (therapeutische Gefäßerweiterung), Stent (Drahtgeflecht, das in ein Koronargefäß eingesetzt wird) oder Bypass zu einer Herzminderleistung und Behinderung, wenn nicht schon vorher zum Tod.

Man kennt heute viele sogenannte Risikofaktoren, die – oder deren Zusammentreffen – später zu Krankheiten und Behinderungen führen. Infarktrisiken und Übergewicht wurden bereits als Beispiele erwähnt. Durch Rauchen kommt es zu arteriellen Gefäßverschlüssen in den Beinen. Die „Raucherbeine" sind mit Schmerzen und Gehbehinderung verbunden. Durch Bypässe kann eine Amputation nicht immer abgewendet werden.

Als Arzt staunt man oft, wenn der keuchende Asthmatiker immer noch am Glimmstängel hängt oder nach dem zweiten Herzinfarkt die ärztlichen Mahnungen immer noch als Unsinn abtut.

Körperliche Anomalien aus der Kindheit

Im Kindesalter sorgt der Gesetzgeber durch Schutzimpfungen dafür, dass schlimme Infektionskrankheiten verhindert werden. Zahlreiche Empfehlungen der Kinderärzte zu Ernährung, Erziehung, Vitamingaben, Sport etc. helfen, eine gesunde körperliche und geistige Entwicklung des Kindes zu ermöglichen und insbesondere Entwicklungsschäden (z. B. Knochendeformitäten durch Vitamin-D-Mangel, Blutarmut, Infektfolgen etc.) und somit späteren Schwerbehinderungen vorzubeugen.

Viele spätere Behinderungen resultieren aus der Unkenntnis körperlicher Anomalien, die bereits im Kindesalter vorhanden sind, jedoch noch nicht in Erscheinung traten. Als Beispiel seien die bei schulärztlichen Untersuchungen diagnostizierten Wirbelsäulendeformitäten (Skoliose) zu nennen. Diese Wirbelsäulenschäden bedürfen einer korrigierenden Heilgymnastik oder sportmedizinischen Therapie.

Schweres Heben und Tragen aus eigener Kraft (Industrie, Handel und Transportwesen) ist mit einer konstitutionell bedingten Wirbelsäulendeformität nicht vereinbar. Man wird früher oder später häufig arbeitsunfähig (z. B. wegen Hexenschuss, Lumboischialgie – Schmerzen durch Druck auf die Nervenwurzel, Bandscheibenvorfall). Danach folgt zwangsläufig der Antrag auf Anerkennung einer Schwerbehinderung und später häufig der Antrag auf Frührente. Die gesetzliche Jugendschutzuntersuchung durch den Hausarzt vor Beginn der Berufsausbildung bringt nur sehr selten verborgene Anomalien zu Tage.

Berufliche Belastungen

Einseitige berufliche Belastungen werden häufig nicht beachtet. Wenn die Mutter schon an Venenthrombose litt und bei der Tochter während der Schwangerschaft Krampfadern in Erscheinung treten, ist ein stehender Beruf wie Verkäuferin denkbar ungünstig, vor allem wegen der Gefahr venöser Stauungen in den Beinen mit möglichen Folgen wie Venenentzündung, Thrombose oder „offenes Bein".

Krankheit – Behinderung

Einseitige berufliche Belastungen treffen natürlich Personen mit Krankheitsprädisposition (Vorschädigung) noch härter. „Steter Tropfen höhlt den Stein": Dieses Prinzip gilt auch in der Medizin. Die Halswirbelsäule wird durch die Bildschirmarbeit beruflich einseitig stark belastet. Ein tragischer Fall hierzu aus der Gutachterpraxis: ein 38-jähriger Informatiker, der kurz vor seiner Beförderung seinen Beruf wegen mehrerer Bandscheibenvorfälle und Operationen im Bereich der Halswirbelsäule aufgeben musste.

Wichtig: Jeder sollte für sich und seine berufliche Karriere eine frühzeitige Prävention (Vorbeugung) von Krankheiten bzw. Behinderungen betreiben.

Die berufliche Beanspruchung des Einzelnen wächst ständig und damit verbunden steigen auch die Anforderungen an eine komprimierte Arbeitsleistung. Dies ist Folge der sinkenden Gesamtzahl der produktiv Erwerbstätigen – immer weniger Erwerbstätige müssen immer mehr arbeiten.

Wenn jemand seine Arbeitsleistung im Betrieb – um seinen Arbeitsplatz zu erhalten – permanent steigern muss, gerät er irgendwann zwangsläufig in die Situation der Überforderung mit den Folgen psychischer und körperlicher Erschöpfung, Krankheit und Behinderung.

Man benötigt für permanent gute Leistungen, insbesondere solche, die mit Karrierebestrebungen verbunden sind, eine gute physische und psychische Verfassung. Systematische Gesundheitspflege und -kontrollen sowie Präventivsport sind die Grundlage für Dauerleistungen und für die Vorbeugung gegen Krankheit und Behinderung.

Prävention tut not

Gesundheit ist nicht selbstverständlich. Als kostbarsten Wert unseres Lebens müssen wir sie pflegen, dann ermöglicht sie es uns auch, das Unmögliche zu erreichen. Bequem und falsch hingegen ist die Auffassung, dass der Sozialstaat oder die Krankenkasse bei einem bereits eingetretenen „gesundheitlichen Schadensfall" mit medizinischer und sozialer Zuwendung, ohne Rücksicht auf Kosten, helfen oder die gesetzliche Rentenversicherung durch eine „noch" rechtzeitige Rehabilitation eine Behinderung oder Frührente aufschieben kann. Warum also auf gesundheitliche Schäden warten und diese dann teuer reparieren lassen, wenn man sie vorbeugend verhindern kann und sich dabei viel Leid und Kosten erspart?

Genetisch bedingte oder angeborene Schäden

Nicht nur Rollstuhlfahrer als schwerbehinderte Unfallopfer begegnen uns häufig im Alltag, sondern auch Behinderte, die durch angeborene bzw. genetische Schäden körperlich entstellt sind oder mit uns nur schwer oder gar nicht kommunizieren können.

Zum einen macht die Genforschung große Fortschritte. Diese werden in den humangenetischen Sprechstunden in die Praxis umgesetzt. Man kann sich in solchen Sprechstunden von Spezialärzten beraten lassen. Zum anderen tut die Rekonstruktionschirurgie ihr Bestes.

Demgegenüber steht jedoch eine große Zahl von Produkten in Form von neuen chemischen Substanzen, Medikamenten, Konservierungs-, Spritz- und Düngemittel etc. mit unbekannter und/oder ungeprüfter Wirkung auf unsere Gene.

Sind Behinderungen vermeidbar?

Die Prävention von Gesundheitsstörungen bzw. Krankheiten hat sich trotz der Allround-Versorgung durch unseren Sozialstaat allmählich zu einem diskussionswürdigen Thema entwickelt.

In der Praxis heißt das: Teilnahme an Krebsvorsorge und Check-up-Untersuchungen im Sinne der Primärprävention. Die Teilnahme der gesetzlich Versicherten ist hierbei relativ gering.

Die Sekundärprävention wie Aufdeckung und Therapie von Risikofaktoren (z. B. für Herzinfarkt, Schlaganfall, Nierenerkrankungen) und Krankheiten im Frühstadium wird bereits durch Quotierung und Budgetierung in den Arztpraxen unterlaufen.

Auf dem Gebiet der tertiären Prävention werden – allerdings etwas zu spät – die Rehabilitationsmaßnahmen der Rentenversicherungsträger gesetzlich durchgeführt, um sozusagen in letzter

Minute Invalidität oder Frührente zu verhindern oder hinauszuzögern.

Der behandelnde Arzt hat rehabilitationsbedürftige Erkrankungen, das heißt drohende Behinderungen im Einzelfall rechtzeitig zu erkennen und die individuell erforderlichen Rehabilitationsmaßnahmen anzuregen.

Die Erkenntnis über Bedeutung und Stellenwert der Prävention von Behinderungen und Schwerbehinderungen kann allerdings nicht einfach mit der Vorbeugung von Krankheiten gleichgestellt werden. Die soziale Komponente für die Gesellschaft rückt hier stärker in den Mittelpunkt: Bei der Prävention von Behinderungen werden nicht nur erhebliche Kosten für die medizinische Versorgung eingespart, sondern auch die sozialen Folgekosten für die Behinderten. Die Präventivmaßnahmen müssten dementsprechend wesentlich breit gefächerter angelegt werden (z. B. Schulmedizin, Betriebsmedizin, Genforschung etc.), als dies bei der heutigen Krankheitsprävention (Risikoprofil, Schutzimpfungen, Check-up, Schwangerenbetreuung) der Fall ist.

Leistungen zur Teilhabe

Wir alle kämpfen für den beruflichen Erfolg. Die persönliche Karriere eines jeden in der Gesellschaft bedingt auch die Integration in die Gesellschaft. Das gesellschaftliche Zusammenleben ohne Verpflichtungen des Einzelnen, aber auch ohne uneigennütziges Engagement für unsere Mitmenschen war schon immer undenkbar:

- Unfälle oder Krankheit mit den Folgen von Behinderung, das heißt der Verlust an Fähigkeiten und Möglichkeiten für ein gleichberechtigtes Leben in der Gesellschaft, können jeden treffen.

- Behinderte Menschen mit eingeschränkten körperlichen Funktionen oder geistigen Fähigkeiten sind schutzbedürftig.

Durch die Sozialpolitik werden behinderte Menschen besonders gefördert. Sie ist bemüht, auch Behinderten die Grundvoraussetzungen für eine Integration wie zum Beispiel individuelle behinderungsgerechte berufliche Ausbildung, besonderer Bestandschutz des Arbeitsplatzes, Milderung finanzieller Not etc. zu ermöglichen.

Allein die Eingliederung in das Arbeitsleben erleichtert es behinderten Menschen bereits, sich in der Gesellschaft zu behaupten und eine Existenz aufzubauen. Die angestrebte Integration oder Wiedereingliederung ist dann erreicht, wenn sie dem behinderten Menschen langfristig ein menschenwürdiges Leben sichert, das er so weit wie möglich selbst und eigenverantwortlich führen kann.

Die Gesetze für das soziale Miteinander sind seit 1975 im Sozialgesetzbuch (SGB) zusammengefasst. Das Schwerbehindertengesetz wurde am 01.07.2001 in das SGB IX unter der Bezeichnung „Rehabilitation und Teilhabe behinderter Menschen" integriert. Es regelt das amtliche Verfahren zur Feststellung einer Behinderung, den Grad der Behinderung, die gesundheitlichen Voraussetzungen für die Inanspruchnahme von Nachteilsausgleichen auf Grundlage einer ärztlichen Begutachtung und der Ausstellung eines Behindertenausweises.

Die Hilfe der Gemeinschaft für behinderte Menschen ist ein Beispiel für praktizierte soziale Gerechtigkeit im Alltag. Man geht selbstverständlich davon aus – da es um die Gesundheit, das höchste Gut eines jeden geht –, dass die Betroffenen, falls sie dazu in der Lage sind, bereits selbst alles unternommen haben, um Krankheitsfolgeschäden, beispielsweise durch ärztliche Behandlungen, Operationen, stationäre rehabilitative Maßnahmen, abzuwenden. Hierzu gehört auch eine Änderung der Lebensführung.

Das Anerkennungsverfahren einer Schwerbehinderteneigenschaft ist relativ unbürokratisch und für jedermann überschaubar. Die dadurch gewonnenen Schutzrechte und Leistungsansprüche haben den Zweck, wirtschaftliche, soziale und berufliche Nachteile durch eine krankheitsbedingte Behinderung auszugleichen.

Krankheit – Behinderung

Nach ausdrücklicher Vorschrift in § 8 SGB IX haben die Leistungen zur Teilhabe Vorrang vor Rentenansprüchen. Gleichzeitig ist aber zu beachten, dass die Leistungen zur Teilhabe auch behinderten sowie von Behinderung bedrohten Menschen zustehen. Dabei ist allerdings nicht Voraussetzung, dass eine Schwerbehinderung vorliegt, beantragt oder anerkannt ist.

Leistungen zur Teilhabe

Die Leistungen werden nicht von einem bestimmten Leistungsträger oder gar insgesamt vom Versorgungsamt gewährt. Vielmehr gibt es zahlreiche Leistungsträger, die entsprechend der für sie geltenden Vorschriften für die einzelnen Leistungsarten zuständig sind (vgl. Schaubild auf Seite 28).

Leistungen zur medizinischen Rehabilitation sind deshalb so wichtig, weil sie darauf ausgerichtet sind, Behinderungen zu vermeiden oder zu beseitigen. Behinderungen sollen gemindert und ausgeglichen sowie eine Verschlimmerung verhindert werden.

Ebenso sollen durch die Leistungen zur medizinischen Rehabilitation Einschränkungen der Erwerbsfähigkeit und der Pflegebedürftigkeit überwunden, gemindert und eine Verschlimmerung verhindert werden. Die Leistungen sollen aber auch dazu dienen, laufende Sozialleistungen zu vermeiden oder zu mindern. Um diese Ziele zu erreichen, sieht das Gesetz (§ 26 SGB IX; ab 01.01.2018 vgl. § 42 SGB IX) zahlreiche Leistungen vor (vgl. Schaubild auf Seite 29).

Krankheit – Behinderung

Leistungen zur Teilhabe

Die Leistungen zur Teilhabe am Arbeitsleben wurden früher als berufsfördernde Maßnahmen oder auch als Umschulungsmaßnahmen bezeichnet. Heute sind diese Leistungen unter anderem auch darauf ausgerichtet, Arbeitsplätze zu erhalten oder zu erlangen. Auch hier ist der Leistungskatalog sehr umfangreich:

Krankheit – Behinderung

Leistungen zur Teilhabe am Arbeitsleben

Hilfen zur Erhaltung oder Erlangung eines Arbeitsplatzes	einschließlich Leistungen zur Beratung und Vermittlung sowie Trainingsmaßnahmen und Mobilitätshilfen
Berufsvorbereitung	einschließlich einer wegen der Behinderung erfolgreichen Grundausbildung
berufliche Anpassung und Weiterbildung	auch soweit die Leistungen einen zur Teilhabe erforderlichen schulischen Abschluss einschließen
berufliche Ausbildung	auch soweit die Leistungen in einem zeitlich nicht überwiegenden Abschnitt schulisch durchgeführt werden
Überbrückungsgeld	wird unter bestimmten Voraussetzungen zur Aufnahme einer selbstständigen Tätigkeit gewährt
sonstige Hilfen zur Förderung der Teilhabe am Arbeitsleben	um behinderten Menschen eine angemessene und geeignete Beschäftigung oder eine selbstständige Tätigkeit zu ermöglichen und zu erhalten
Leistungen umfassen auch medizinische, psychologische und pädagogische Hilfen	Voraussetzungen: Die Leistungen müssen im Einzelfall erforderlich sein, um die Ziele der Leistungen zur Teilhabe am Arbeitsleben zu erreichen oder zu sichern und Krankheitsfolgen zu vermeiden, zu überwinden, zu mindern oder ihre Verschlimmerung zu verhüten.

Leistungen zur Teilhabe bedürfen der Zustimmung des Leistungsberechtigten. Sie sollen im Übrigen den Leistungsberechtigten möglichst viel Raum zu eigenverantwortlicher Gestaltung ihrer Lebensumstände lassen und ihre Selbstbestimmung fördern.

Leistungen zur Teilhabe

Die Leistungsberechtigten haben auch die Möglichkeit, durch Wünsche und der Ausübung von Wahlrechten die Leistungsgewährung wesentlich zu beeinflussen:

Krankheit – Behinderung

Das SGB IX enthält in diesem Zusammenhang auch Vorschriften über die Werkstätten für behinderte Menschen.

§ 136 SGB IX Begriff und Aufgaben der Werkstatt für behinderte Menschen

(1) Die Werkstatt für behinderte Menschen ist eine Einrichtung zur Teilhabe behinderter Menschen am Arbeitsleben im Sinne des Kapitels 5 des Teils 1 und zur Eingliederung in das Arbeitsleben. Sie hat denjenigen behinderten Menschen, die wegen Art oder Schwere der Behinderung nicht, noch nicht oder noch nicht wieder auf dem allgemeinen Arbeitsmarkt beschäftigt werden können,

1. eine angemessene berufliche Bildung und eine Beschäftigung zu einem ihrer Leistung angemessenen Arbeitsentgelt aus dem Arbeitsergebnis anzubieten und

2. zu ermöglichen, ihre Leistungs- oder Erwerbsfähigkeit zu erhalten, zu entwickeln, zu erhöhen oder wiederzugewinnen und dabei ihre Persönlichkeit weiterzuentwickeln.

Sie fördert den Übergang geeigneter Personen auf den allgemeinen Arbeitsmarkt durch geeignete Maßnahmen. (...)

(2) Die Werkstatt steht allen behinderten Menschen im Sinne des Absatzes 1 unabhängig von Art oder Schwere der Behinderung offen, sofern erwartet werden kann, dass sie spätestens nach Teilnahme an Maßnahmen im Berufsbildungsbereich wenigstens ein Mindestmaß wirtschaftlich verwertbarer Arbeitsleistung erbringen werden. (...)

(3) Behinderte Menschen, die die Voraussetzungen für eine Beschäftigung in einer Werkstatt nicht erfüllen, sollen in Einrichtungen oder Gruppen betreut und gefördert werden, die der Werkstatt angegliedert sind.

Mit Wirkung ab 01.01.2018 tritt an die Stelle des § 136 SGB IX der insoweit gleiche Wortlaut des § 219 SGB IX. Ab diesem Zeitpunkt gilt das SGB IX in neuer Fassung (Art. 1 des Bundesteilhabegesetzes – BTHG – vom 23.12.2016, BGBl. I S. 3234). Der oben zitierte § 9 SGB IX wird dann zu § 8 SGB IX. Das Bundesteilhabegesetz ändert teilweise die Leistungen.

Bedingt Frührente die Schwerbehinderteneigenschaft?

Die Ausstellung des Schwerbehindertenausweises ist keinesfalls die Voraussetzung dafür, dass ein Anspruch auf Frührente besteht. Andererseits schadet es natürlich auch nicht, die Schwerbehinderung anerkennen zu lassen, wenn die Beantragung von Frührente beabsichtigt ist. Unter Frührente versteht man eine Rente, die vor Vollendung der sogenannten Regelaltersgrenze gewährt wird.

Die Tatsache, dass die meisten Menschen heute vor Vollendung der Regelaltersgrenze in Rente gehen, sorgt seit langem für Zündstoff in Politik und Öffentlichkeit. Trotz des Umstands der frühen Berentung war die Heraufsetzung der Regelaltersgrenze ein Dauerthema. Trotzdem ist die „Rente ab 67" Wirklichkeit geworden. Seit 01.01.2012 wird die bisherige Regelaltersgrenze schrittweise angehoben.

Bei den Frührenten unterscheidet man zwei Gruppen:
- die Renten wegen verminderter Erwerbsfähigkeit
- die vorzeitig gewährten Altersrenten

Die Erwerbsminderungsrenten sind an keine Altersgrenze gebunden – sie werden insbesondere behinderten Menschen gewährt. Es werden hier mehrere Rentenarten unterschieden, die verschiedene Voraussetzungen haben:

Anspruchsvoraussetzungen für Renten wegen verminderter Erwerbsfähigkeit			
Rentenart	Rente wegen teilweiser Erwerbsminderung	Rente wegen voller Erwerbsminderung	Rente für Bergleute
Leistungseinschränkung	teilweise Erwerbsminderung	volle Erwerbsminderung	verminderte bergmännische Berufsfähigkeit
Wartezeit	5 Jahre	5 oder 20 Jahre	5 Jahre vor Eintritt der verminderten Berufsfähigkeit

Krankheit – Behinderung

Anspruchsvoraussetzungen für Renten wegen verminderter Erwerbsfähigkeit			
	Versicherter ist wegen Krankheit oder Behinderung auf nicht absehbare Zeit außerstande, unter den üblichen Bedingungen des allgemeinen Arbeitsmarktes mindestens 6 Stunden täglich erwerbstätig zu sein	Versicherter ist wegen Krankheit oder Behinderung auf nicht absehbare Zeit außerstande, unter den üblichen Bedingungen des allgemeinen Arbeitsmarktes mindestens 3 Stunden täglich erwerbstätig zu sein	Vermindert berufsfähig sind Versicherte, die wegen Krankheit oder Behinderung nicht imstande sind, die von ihnen ausgeübte knappschaftliche Beschäftigung und eine andere wirtschaftlich im Wesentlichen gleichwertige knappschaftliche Beschäftigung auszuüben.

Die Renten wegen teilweiser Erwerbsminderung werden lediglich als Teilrente erbracht. Dies kommt durch den sogenannten Rentenartfaktor zum Ausdruck, der beispielsweise bei einer Altersrente 1,0 beträgt, sich bei einer Rente wegen teilweiser Erwerbsminderung aber lediglich auf 0,5 beläuft. Bei einer Rente wegen voller Erwerbsminderung beträgt der Rentenartfaktor wie bei den Altersrenten 1,0.

Die Rente wegen teilweiser Erwerbsminderung wird entsprechend dem verbliebenen Leistungsvermögen des Versicherten also in Höhe der halben Vollrente geleistet.

Übt der Versicherte trotz Rente wegen teilweiser Erwerbsminderung eine Beschäftigung aus, kann dies zu einer Kürzung seiner Rente führen.

Wichtig ist hier die Höhe des Hinzuverdienstes. Entsprechend dieser Höhe wird nämlich die Rente wegen teilweiser Erwerbsminderung entweder in voller Höhe oder zur Hälfte erbracht.

Bedingt Frührente die Schwerbehinderteneigenschaft?

Sowohl bei der Rente wegen teilweiser Erwerbsminderung als auch bei der Rente mit voller Erwerbsminderung kann an zwei Monaten im Jahr bis zum Doppelten der jeweiligen Hinzuverdienstgrenze hinzuverdient werden.

Wichtig: Unabhängig von einem Hinzuverdienst wird bei Renten wegen Erwerbsminderung für jeden Kalendermonat, für den eine Rente vor Vollendung des 63. Lebensjahres in Anspruch genommen wird, die Rente um 0,3 Prozent gekürzt. Eine Kürzung über 10,8 Prozent wird allerdings nicht vorgenommen.

Die Renten wegen verminderter Erwerbsfähigkeit gibt es seit dem 01.01.2001. Sie haben die früheren Berufs- und Erwerbsunfähigkeitsrenten abgelöst. Berufs- und Erwerbsunfähigkeitsrenten, auf die am 31.12.2000 ein Anspruch bestand, werden weiterhin gewährt.

In diesem Zusammenhang ist zu beachten, dass für die Zeit nach dem 31.12.2000 unter bestimmten Voraussetzungen ein Anspruch auf Rente wegen teilweiser Erwerbsminderung bei Berufsunfähigkeit besteht. Dafür müssen die Voraussetzungen für die teilweise Erwerbsminderungsrente erfüllt sein.

Der Anspruch besteht bis zur Vollendung des 65. Lebensjahres. Anspruch haben Versicherte, die

- vor dem 02.01.1961 geboren sind – also bei Inkrafttreten der Reform am 01.01.2001 das 40. Lebensjahr bereits vollendet hatten – und
- berufsunfähig sind.

Bei Erwerbsunfähigkeitsrenten können bis zu 450 Euro (gilt im gesamten Bundesgebiet) monatlich hinzuverdient werden. Zwei Monate im Jahr ist das Überschreiten bis zum Doppelten des jeweils maßgebenden Betrags möglich. Wird die zulässige Grenze überschritten, wird die Rente als Berufsunfähigkeitsrente weitergezahlt. Dies bedeutet, dass sie als Vollrente etwa ein Drittel niedriger als die Erwerbsunfähigkeitsrente ist.

Krankheit – Behinderung

„Vorzeitige" Altersrenten einschließlich Voraussetzungen

Renten \ Voraussetzungen	ab Lebensalter bzw. Jahrgang	Wartezeiten	Qualifizierte Wartezeiten	Sonstige Voraussetzungen
Altersrente für schwerbehinderte Menschen	Vollendung des 65. Lebensjahres (vorzeitige Inanspruchnahme ist nach Vollendung des 62. Lebensjahres möglich)	35 Jahre (420 Kalendermonate)		Schwerbehinderung (Geburt vor dem 01.01.1952, für spätere Jahrgänge: schrittweise Anhebung der Altersgrenze)
Altersrente für langjährige Versicherte	Vollendung des 65. Lebensjahres, Anhebung der Altersgrenze ab Geburtstag im Januar 1952 (früher nur mit Abschlag)	15 Jahre (180 Kalendermonate)		
Altersrente für besonders langjährige Versicherte	Vollendung des 65. Lebensjahres	45 Jahre		
Altersrente ohne Abschlag	Vollendung des 63. Lebensjahres	45 Jahre		schrittweise Anhebung für nach dem 31.12.1952 Geborene
Altersrente für Arbeitslosigkeit und nach Altersteilzeit	Vollendung des 60. Lebensjahres, Anhebung der Altersgrenze ab Geburtstag im Januar 1937, vorzeitige Inanspruchnahme mit Abschlägen möglich	15 Jahre (180 Kalendermonate)	in den letzten 10 Jahren vor Rentenbeginn: 8 Jahre Pflichtbeiträge	innerhalb der letzten 1,5 Jahre vor Arbeitslosigkeit: 52 Wochen arbeitslos (Sonderregelung für Arbeitnehmer des Bergbaus), bei Altersteilzeitbeziehern: 24 Kalendermonate Altersteilzeit
Altersrente für langjährige, unter Tage beschäftigte Bergleute	Vollendung des 62. Lebensjahres (vor 1952 Geborene: 60. Lebensjahr)	25 Jahre (300 Kalendermonate)		

Vorgezogene Altersrente bei Schwerbehinderung

Die Altersrente für schwerbehinderte Menschen wird in § 37 SGB VI geregelt. Dort wird auch aufgeführt, dass die vorzeitige Inanspruchnahme einer solchen Altersrente (mit Abschlägen) nach Vollendung des 62. Lebensjahres möglich ist.

Bedingt Frührente die Schwerbehinderteneigenschaft?

Außerdem gibt es noch Übergangsregelungen (§ 236a SGB VI):

Versicherte, die vor dem 01.01.1964 geboren sind, haben nämlich Anspruch auf Altersrente für schwerbehinderte Menschen, wenn sie

- das 63. Lebensjahr vollendet haben,
- bei Beginn der Altersrente als schwerbehinderte Menschen anerkannt sind und
- die Wartezeit von 35 Jahren erfüllt haben.

Die Altersgrenze von 63 Jahren wird allerdings für Versicherte angehoben, die nach dem 31.12.1951 geboren sind. Hiervon gibt es aber Ausnahmen. Die vorzeitige Inanspruchnahme der Altersrente ist möglich.

Die vorzeitige Inanspruchnahme dieser Altersrente ist frühestens nach Vollendung des 60. Lebensjahres möglich.

Für Versicherte, die ab Januar 1952 geboren sind, wird das Renteneintrittsalter ohne Rentenabzug schrittweise angehoben. So können Personen, die im Dezember 1952 geboren sind, eine Altersrente mit 63 Jahren und sechs Monaten noch ohne Rentenabschlag beziehen.

Die erwähnten Abschläge betragen für jeden früher in Anspruch genommenen Monat 0,3 Prozent. Höchstens werden aber 10,8 Prozent in Abzug gebracht.

Auch für Altersrentner gibt es die Möglichkeit, einen Hinzuverdienst zu erzielen. Bei Regelaltersrentnern (vgl. ab Seite 29) hat dies keine Auswirkungen auf die Rentenhöhe. Vor Erreichen der Regelaltersgrenze ist ein Hinzuverdienst ohne Auswirkungen auf die Rentenhöhe in Höhe von 450 Euro möglich. Dieser Betrag gilt in den alten und den neuen Bundesländern.

Altersrenten können aber auch als Teilrenten bezogen werden. Dann ist ein höherer Hinzuverdienst möglich. Es wird dabei unterschieden in Renten von

- einem Drittel der Vollrente,
- der Hälfte der Vollrente und
- zwei Dritteln der Vollrente.

Diese Regelung soll dem dynamischen Eintritt in den Ruhestand dienen. Deshalb sind die Hinzuverdienstgrenzen für diese Rentenbezieher wesentlich höher als bei einer Vollrente.

1 Die Versorgungsämter und ihre Aufgaben

Die Versorgungsämter sind Landesbehörden im Wirkungsbereich der Sozialministerien. Die Bezeichnung dieser Behörden ist nicht in allen Bundesländern gleich (z. B. Rheinland-Pfalz: Amt für soziale Angelegenheiten). Sie sind Sozialleistungsträger und haben den gesetzlichen Auftrag zur Durchführung des

- sozialen Entschädigungsrechts und
- Schwerbehindertenrechts.

Die Durchführung des Schwerbehindertenrechts ist eine der Hauptaufgaben der Versorgungsämter. Sie prüfen die Anträge auf Anerkennung der Schwerbehinderteneigenschaft und auf Nachteilsausgleiche und durch Erlass eines Feststellungsbescheids bestimmen sie den Grad der Behinderung (GdB) und die sogenannten gesundheitlichen Merkzeichen (MZ).

Entsprechend dem Feststellungsbescheid stellt das Versorgungsamt den Behindertenausweis aus.

Durch diese Entscheidungen erhalten schwerbehinderte Menschen Schutzrechte. Sie haben Anspruch auf einen sozialen Nachteilsausgleich. Dabei erstrecken sich die gewonnenen Schutzrechte des schwerbehinderten Menschen auf:

- den Beruf
- die Einkommens- und Lohnsteuer
- Benutzung von Verkehrsmitteln
- Kommunikation und Medien
- Sozialversicherung (vorgezogene Altersrente)

Die Zahl der schwerbehinderten Menschen ist in der Bundesrepublik Deutschland erheblich. All diese Personen sind von den Versorgungsämtern zu betreuen.

Verschiedene Begriffe zur Leistungsminderung

Krankheiten bzw. Gesundheitsschäden können mit unterschiedlichen Folgen sowohl für den Betroffenen als auch für die sozialen Einrichtungen, in die diese eingebunden sind, einhergehen. Ausschlaggebend ist, ob die Betroffenen im Arbeitsleben stehen.

Die nachfolgenden Begriffe von Krankheitsfolgen im Alltag besser zu verstehen, ist nicht nur für den Antragsteller, sondern für jeden Bürger von Bedeutung.

Arbeitsunfähigkeit, Dienstunfähigkeit

Arbeitsunfähig ist ein kranker Arbeitnehmer, der seine Erwerbstätigkeit wegen seiner Erkrankung nicht oder nur auf Kosten der Restgesundheit verrichten kann. Die bezeichnete Krankheitsfolge gewährt einem gesetzlich Versicherten das Recht auf Heilbehandlung und Krankengeld. Wenn ein Arbeitnehmer von seinem behandelnden Arzt krankgeschrieben wird, ist zunächst die Schwere der Erkrankung und nicht die Dauer, die häufig gar nicht vorherzusehen ist, maßgeblich.

Dienstunfähig sind Beamte, Soldaten oder freiwilligen Wehrdienstleistende, wenn sie wegen Krankheit nicht in der Lage sind, ihren Dienst zu versehen.

Krankheit – Behinderung

Leistungsminderung

Wenn jemand wegen Erkrankung bzw. Gesundheitsschäden seine allgemeine körperliche Leistungsfähigkeit einbüßt, kann er seine berufliche oder Erwerbstätigkeit folgerichtig wegen Leistungsminderung nicht oder nur teilweise verrichten.

Minderung der Erwerbsfähigkeit (MdE)

Der Begriff MdE drückt das Ausmaß von Schädigungsfolgen als Dauerzustand in der Unfallversicherung, Kriegsopferversorgung, im sonstigen Entschädigungsrecht und im Übrigen auch bei der Versorgungsrente aus. Sie ist kausal bedingt.

Als Schädigungsfolge wird im sozialen Entschädigungsrecht jede Gesundheitsstörung bezeichnet, die mit einer nach dem entsprechenden Gesetz zu berücksichtigenden Schädigung in ursächlichem Zusammenhang steht.

Zu den Schädigungsfolgen gehören auch funktionell bedeutungslose Gesundheitsstörungen, die keine MdE bedingen.

Die Regelungen in der Kriegsopferversorgung sind übrigens auch dann maßgebend, wenn es um Rentenansprüche aus dem Opferentschädigungsgesetz geht. Dort werden die Opfer von Gewalttaten angesprochen.

Schwerbehinderung, Schwerbeschädigung

Nach § 2 Abs. 1 SGB IX sind Menschen behindert, wenn ihre körperliche Funktion, geistige Fähigkeit oder seelische Gesundheit mit hoher Wahrscheinlichkeit länger als sechs Monate von dem für das Lebensalter typischen Zustand abweichen und daher ihre Teilhabe am Leben in der Gesellschaft beeinträchtigt ist.

Gemäß § 2 Abs. 2 SGB IX sind Menschen schwerbehindert, wenn bei ihnen ein Grad der Behinderung von wenigstens 50 vorliegt.

Der Grad der Behinderung bezieht sich auf alle Gesundheitsstörungen unabhängig von deren Ursache.

Grad der Behinderung (GdB)

Das Ausmaß der Behinderung wird mit dem Grad der Behinderung (GdB) bemessen. Er ist eine Wertung für körperliche, seelische, geistige und soziale Auswirkungen von bleibendem Schaden nach Gesundheitsstörungen.

Berufsunfähigkeit (BU)

Dieser Begriff ist bedeutend für zugebilligte Frührenten ab dem 01.01.2001, wenn Antragsteller mit teilweiser Erwerbsminderung vor dem 02.01.1961 geboren wurden (Übergangsregelung), außerdem auch für die vor dem 01.01.2001 zugebilligten Berufsunfähigkeitsrenten. Beachten Sie dazu die Ausführungen auf den vorausgegangenen Seiten.

Erwerbsunfähigkeit

Im Bereich der gesetzlichen Rentenversicherung änderte das Rentenreformgesetz 1999 mit Wirkung ab 01.01.2001 die Bezeichnung Erwerbsunfähigkeit ebenso wie die von Berufsunfähigkeit. Die Begriffe wurden zusammengefasst und in teilweise und volle Erwerbsminderung umgewandelt. Die entsprechenden Inhalte der Begriffe wurden ebenfalls mit gravierenden Umgestaltungen der Voraussetzungen für entsprechende Frührenten geändert. Beachten Sie dazu bitte die Ausführungen auf den vorausgegangenen Seiten.

Der Begriff „Erwerbsunfähigkeit" wird auch im sozialen Entschädigungsrecht und nach dem Einkommensteuergesetz (EStG) mit unterschiedlichem Inhalt definiert.

Teilweise Erwerbsminderung – volle Erwerbsminderung

Seit dem 01.01.2001 gibt es die zweistufige Erwerbsminderungsrente.

Wichtig: Aus dem GdB/MdE-Grad ist *nicht* auf das Ausmaß der Leistungsfähigkeit im Erwerbsleben zu schließen. GdB und MdE sind grundsätzlich unabhängig vom ausgeübten oder angestrebten Beruf zu beurteilen, es sei denn, dass bei Begutachtungen

Krankheit – Behinderung

im sozialen Entschädigungsrecht ein besonderes berufliches Betroffensein berücksichtigt werden muss.

Die Anerkennung von teilweiser oder voller Erwerbsminderung durch einen Rentenversicherungsträger oder die Feststellung einer Arbeitsunfähigkeit oder Dienstunfähigkeit erlaubt keine Rückschlüsse auf den GdB-Grad, wie umgekehrt aus dem GdB-Grad nicht auf die genannten Leistungsvoraussetzungen anderer Rechtsgebiete geschlossen werden kann.

Medizinische Voraussetzungen für die Anerkennung der Schwerbehinderung

Beschwerden, Befunde, Diagnosen, Funktionsstörungen..... 42

Die ärztlichen Befunde über Funktionsstörungen................ 45

Maßgebliche Aspekte der Bewertung von
Gesundheitsstörungen 47

Die ärztliche Begutachtung 53

Die Akte zum Aktengutachten... 56

Der medizinische Gutachter hat andere Aufgaben als Ihr
Hausarzt 56

Beschwerden, Befunde, Diagnosen, Funktionsstörungen

Das Schwerbehindertenrecht legt für die Anerkennung der Schwerbehinderteneigenschaft das Vorhandensein folgender medizinischer Voraussetzungen zugrunde:

> **Medizinische Voraussetzungen der Schwerbehinderteneigenschaft**
>
> - Dauerhafte Abweichung von körperlichen Funktionen, geistigen Fähigkeiten oder seelischer Gesundheit von dem für das Lebensalter typischen Zustand in solchem Maße, dass eine Teilhabe am Leben in der Gesellschaft beeinträchtigt ist.
> - Die Funktionsbehinderungen müssen durch ärztliche Befunde nachweisbar und für die medizinische Begutachtung des Versorgungsamts nach Aktenlage nachvollziehbar sein.
> - Die Funktionsbehinderungen müssen mindestens über sechs Monate bestehen.
> - Das Ausmaß einer nicht vorübergehenden Funktionsbehinderung muss, um als Behinderung anerkannt zu werden, mindestens 10 Einzel-GdB betragen.
> - Die Billigung einer Schwerbehinderteneigenschaft bedingt mindestens einen Gesamt-GdB von 50.
> - Die Tatsache des Vorliegens einer Arbeitsunfähigkeit, Dienstunfähigkeit, Erwerbsunfähigkeit, Berufsunfähigkeit oder teilweise bzw. volle Erwerbsminderung allein reicht zur Anerkennung einer Behinderung nicht aus.
> - Die geltend gemachten Gesundheitsstörungen müssen eine „Regelwidrigkeit gegenüber dem für das Lebensalter typischen Zustand" darstellen. „Alterserscheinungen" oder Fehlen der biologischen entwicklungsbedingten Fähigkeiten (Kinder) gelten nicht als Behinderung.

Unter Gesundheitsstörungen stellt man sich im Allgemeinen Schwäche, Kopfschmerzen, Hautjucken oder Verstopfung vor,

Beschwerden, Befunde, Diagnosen, Funktionsstörungen

ebenso wie Herzkrankheiten, Bronchialasthma, Krebserkrankung oder der Zustand nach einer Beinamputation.

Gesundheitsstörung und Krankheit drücken für den Mediziner denselben Zustand aus. Was sich hinter dem Begriff Krankheit verbirgt, wurde bereits durch die WHO-Definition – juristische und medizinische Interpretation – verdeutlicht.

Krankheiten verursachen Beschwerden. Sie werden vom Arzt nach den klinischen Symptomen, die durch die Krankheiten verursacht werden, unterschieden. Typische Beschwerden sind Schwäche, Schmerzen, Schwindelgefühl, Verstopfung, schwache Harnblase etc.

Hinter den genannten Beschwerden können sich zahlreiche Erkrankungen als Ursache verbergen. Denken Sie an Kopfschmerz. Er kann durch Migräne, Kieferhöhlenentzündung, Hirntumor, Augendruckerhöhung, Halswirbelsäulenerkrankung etc. entstehen. Brustschmerzen z. B. werden vor allem durch Angina pectoris hervorgerufen, treten aber auch bei Erkrankung der Speiseröhre, der Brustwirbelsäule, der Nervenbahnen etc. auf. Unzählige medizinische Gründe könnte man für Bauchschmerzen aufzählen, zum Beispiel Gallen- oder Nierenkoliken, Magengeschwüre, Bauchspeicheldrüsenerkrankung, Darmverschluss etc.

Aus oben aufgeführten Gründen ist es ungeschickt, wenn Sie ohne Rücksprache mit Ihrem Hausarzt Kopf-, Bauch-, Bein- oder sonstige Schmerzen als Behinderungsgrund geltend machen möchten. Die verursachende Krankheit dazu muss benannt werden.

Unter Krankheitssymptomen versteht der Arzt alle Erscheinungsformen einer Erkrankung. Dazu gehört beispielsweise Hinken, Hautblässe, Erbrechen, Doppelsehen ebenso wie typische Schmerzformen etc. Sie haben sicher schon einmal beim Arzt den Ausspruch gehört, die vorliegenden Symptome seien typisch für diese oder jene Krankheit. Die Krankheitssymptome weisen häufig auf eine Verdachtsdiagnose hin, die dann mithilfe von Untersuchungsbefunden bestätigt oder widerlegt wird.

Die Untersuchungsbefunde sind die Ergebnisse von medizinischen Untersuchungen, die anlässlich eines Hausbesuchs, in der Arztpraxis oder in einer Krankenanstalt durchgeführt und sorgsam

Medizinische Voraussetzungen

dokumentiert werden. Viele EDV-gesteuerte Untersuchungsgeräte des Arztes drucken Untersuchungsprotokolle wie EKG-Streifen, Ultraschall-, Röntgen- und MRT (Magnetresonanztomographie, auch als Kernspintomographie bekannt)-Bilder, Messwerte, Diagramme aus. Die damit gewonnenen Messwerte oder Erkenntnisse werden vom Arzt in einem Untersuchungsbefund festgehalten und bezüglich der Diagnose interpretiert.

Die Auswahl einzelner Untersuchungsmethoden zur Klärung einer klinischen Fragestellung wird durch die geltende medizinische Lehrmeinung bestimmt. Das diagnostische Vorgehen des Arztes richtet sich streng danach. Daher wird heute beispielsweise ein vergrößertes Herz mit der Echokardiographie, ein Gallenstein mit Sonographie, ein Magengeschwür mittels Gastroskop etc. untersucht.

Die genannten Beispiele zeigen, dass die jeweiligen Untersuchungsmethoden gezielt nur zum Zweck der Abklärung jener klinischen Fragestellungen angewandt werden, für die sie konstruiert wurden.

Unsinnig und laienhaft ist die Meinung, dass bestimmte Geräteuntersuchungen wie EKG und MRT vom Arzt zu häufig wegen der Geräteamortisation angesetzt werden. Wahr ist, dass Herz und Kreislauf bei sehr vielen Krankheiten in Mitleidenschaft gezogen werden. MRT etwa ist die sicherste Untersuchungsmethode zur schnellen Klärung, ob ein Schlaganfall vorliegt.

Die Diagnose, das heißt die Feststellung einer Krankheit, ist Ergebnis der ärztlichen Abklärung. Eine Diagnose zu stellen, bedeutet einen komplizierten Prozess. Es gibt wohl die berühmte Blickdiagnose, die allerdings wenig treffsicher ist. Die gelbe Hautfarbe ist typisch für Gelbsuchtkranke oder für einen Chinesen. Schwieriger ist es, die entscheidende diagnostische Feststellung zu treffen, welche Art von Gelbsucht vorliegt.

Zur Diagnosestellung gehören selbstverständlich die Befragung über Beschwerden, zur Geschichte der Beschwerden, die Beobachtung klinischer Symptome und eine möglichst gezielte Anwendung von Untersuchungsmethoden. Die Diagnose hat dann weit reichende Konsequenzen sowohl für den Kranken (z. B. Operation, Chemotherapie, Strahlenbehandlung) als auch für den

Kostenträger und nicht zuletzt für den Arzt (z. B. Verantwortung, Haftung, Ruf).

Mit der Diagnose wird die Krankheit definiert. Sie bedeutet für den Erkrankten Leid, das teilweise auf Funktionsstörungen zurückzuführen ist. Diese können in allen Organ- oder Organsystem-Bereichen auftreten, wie bereits in den vorangehenden Abschnitten eingehend erörtert.

Die ärztlichen Befunde über Funktionsstörungen

Aus den vorgelegten ärztlichen Befunden erfährt der Gutachter, ob die geltend gemachten Gesundheits- bzw. Funktionsstörungen bei oder nach einer Krankheit in der Tat vorliegen. Außerdem erlangt er Kenntnis darüber, in welchem Maße die körperlichen Funktionen, geistigen Fähigkeiten oder die seelische Gesundheit in dem jeweiligen Fall von dem für das Lebensalter typischen Zustand abweichen. Wie weit ist dadurch die Teilhabe des Erkrankten am Leben in der Gesellschaft beeinträchtigt?

Die ärztlichen Befunde Ihres Hausarztes und der behandelnden Fachärzte sowie weitere ärztliche Gesundheitszeugnisse stellen eine sachkundige Einschätzung Ihres gesamten Gesundheitszustands dar. Ihnen kommt im Begutachtungsverfahren nach dem Schwerbehindertenrecht eine große Bedeutung zu.

Rechtlich gilt, dass „ärztliche Gesundheitszeugnisse gewichtigen Beweiswert haben, sie müssen somit inhaltlich richtig sein". Deshalb ist für den Arzt bei der Abfassung des Attests § 278 Strafgesetzbuch (StGB) bindend. Dieses Gesetz untersagt dem Arzt streng, Gefälligkeitszeugnisse auszustellen.

Wie erfährt der begutachtende Arzt im Versorgungsamt von den Leiden des Antragstellers?

- durch das ausgefüllte Antragsformular
- durch Untersuchungsberichte, die im Rahmen der Sachaufklärung des Versorgungsamts angefordert werden
- durch Attest des Hausarztes oder behandelnder Ärzte, die der Antragsteller selbst besorgt

Medizinische Voraussetzungen

Bei den vorgelegten Befundberichten, Befundscheinen oder Attesten ist es unerheblich, ob sie durch den Antragsteller eingereicht oder von Amts wegen angefordert wurden.

Wichtig dagegen ist, dass sie

- das aktuelle Ausmaß der Funktionsstörungen und Behinderungen infolge der vorliegenden Krankheiten oder Unfallfolgen des Antragstellers im Einzelnen beschreiben,
- Stadium, Schweregrad und Prognose der Krankheiten angeben,
- die Dauer der Erkrankung aufzeichnen und
- nach dem aktuellen Stand der klinisch-medizinischen Lehrmeinung abgefasst sind.

Der behandelnde Arzt kann auch den Grad der Behinderung (GdB) der einzelnen Funktionsstörungen angeben, er sollte jedoch die dazugehörige Randnummer in den „Anhaltspunkten" (Leitfaden zur Begutachtung) ebenfalls aufführen.

Alle Gesundheitsstörungen sollten angegeben werden. Der ganze Mensch mit all seinen Erkrankungen wird begutachtet. Viele, eventuell gleichzeitig vorliegende Behinderungen können einander nachteilig beeinflussen. So wird beispielsweise ein schwaches Herz eines Beinamputierten bei Alltagsbelastungen mehr Behinderungsnachteile verursachen oder ein Gehörschaden bei Blinden Unbeholfenheit bewirken.

Die Beschreibung der pathologischen Befunde oder die Aufzählung der klinischen Diagnosen alleine sind in einem ärztlichen Attest wohl wichtig, jedoch für das Aktengutachten ungenügend.

Wenn im vorgelegten ärztlichen Befundbericht eine Diagnose ohne Nennung der damit verbundenen Funktionsstörungen aufgeführt wird, kann der Gutachter Ihre Behinderung nur grob schätzen. Daraus kann sich für Sie möglicherweise eine Enttäuschung oder das Gefühl, ungerecht eingestuft worden zu sein, ergeben.

> **Beispiel:**
> Bei einer Nierenerkrankung im „Stadium der kompensierten Retention" kann die Einschränkung der Ausscheidungsfunktion der Nieren mit vermehrtem Trinken aufgehoben werden. Dementsprechend wird keine oder nur eine geringfügige Behinderung festzustellen sein. Im fortgeschrittenen Stadium kann die Erkrankung jedoch so schwer sein, dass die Ausscheidung harnpflichtiger Substanzen nicht mehr gewährleistet ist. Der Folgezustand – Nierenversagen – macht eine lebenslange Dialysebehandlung erforderlich. Es handelt sich hier um eine schwerwiegende Behinderung. Dazwischen liegen viele Übergangsstufen. Zur realistischen Beurteilung benötigt der Gutachter also Auskunft über den körperlichen Zustand, Blutdruckverhalten, Laborbefunde, Therapie etc. Dies gilt auch für Bronchialasthma, arterielle Verschlusskrankheit, Diabetes etc.

Falls das Versorgungsamt pflichtgemäß die Sachaufklärung bei Ihrem Antrag führen muss, werden nicht nur der Hausarzt, behandelnde niedergelassene Fachärzte, Krankenhausärzte, die Sie in den letzten zwei Jahren behandelt haben, sondern auch ggf. Kurklinik, Sanatorium, Rehabilitationseinrichtungen, Werkstatt für behinderte Menschen, Gesundheitsamt etc. angeschrieben und um Einsichtnahme der ärztlichen Unterlagen ersucht.

Die vom Versorgungsamt angeforderten Unterlagen, Kopien oder Originale, werden nach Bearbeitung Ihres Antrags in Ihrer Akte abgelegt bzw. wunschgemäß der betreffenden ärztlichen Stelle zurückgesandt.

Maßgebliche Aspekte der Bewertung von Gesundheitsstörungen

Der Antragsteller hat ein Anrecht auf eine ärztliche Beurteilung nach einheitlichen Grundsätzen unter Würdigung der besonderen Lage des Einzelfalls.

Diese prinzipielle Betrachtung machte es erforderlich, die Gesundheitsstörung als „Regelwidrigkeit gegenüber dem für das Alter typischen Zustand" zu definieren. Dadurch wird die Anwendung des GdB und der MdE für Kinder in gleicher Weise wie für alte, gebrechliche Menschen möglich.

Bei Kindern werden die altersbedingt noch nicht entwickelten Fähigkeiten ebenso wie altersbedingtes Nachlassen der allgemeinen körperlichen und geistigen Leistungsfähigkeit bei älteren Menschen bei der Beurteilung des GdB *nicht* berücksichtigt.

Einschränkung der Beweglichkeit, Minderung der Kraft und Schnelligkeit, Nachlassen der Libido, des Gedächtnisses, des Seh- und Hörvermögens im Alter wird als regelhaft betrachtet. Nicht regelhaft ist im Alter zum Beispiel Altersdiabetes, Altersstar, hoher Blutdruck, Lungenblähung oder Gelenk- und Wirbelsäulendeformierung, vermehrte Krankheits- und Unfallanfälligkeit etc.

Grundsätzlich erkranken alte Menschen ebenso wie junge. Man kann aber im Alter von schwererem Krankheitsverlauf, Krankheitsfolgen und Komplikationen sprechen. Hier sei nur auf die im Alter erschwerte Pflege- und aufwandbedürftige ärztliche Betreuung von bettlägerig Erkrankten hingewiesen.

Dazu kommen noch bestimmte Krankheiten wie bösartige Tumore, Schlaganfall, seelische Störungen etc., die bei Älteren häufiger auftreten.

Es überwiegt die Zahl der Antragsteller, die sich nicht nur durch eine, sondern durch mehrere Gesundheitsstörungen beeinträchtigt fühlen. Daraus können eine oder mehrere Funktionseinschränkungen resultieren. So verstärkt etwa ein Knorpelschaden im Kniegelenk und eine arterielle Verschlusskrankheit (Blutgefäßverschluss mit Folge von Sauerstoffmangel des Gewebes im Versorgungsgebiet) eine Gehbehinderung. Hingegen wird ein Kniegelenkschaden bei Beinlähmung durch Hirninsult nicht zum Tragen kommen.

Eine chronische Erkrankung kann periodisch (z. B. Bronchitis, Magengeschwür), in Schüben verlaufen (z. B. PcP – chronisch-entzündlich rheumatische Gelenkserkrankung, Morbus Crohn – chronische Entzündung des Dünndarms) oder über längere Zeit zum Stillstand kommen (z. B. Kieferhöhlenentzündung, Leberzirrhose). Die akuten Phasen solcher Erkrankungen gehen oft mit schweren Funktionsstörungen einher. Zuckerkrankheit und ein Bandscheibenschaden sind beispielsweise Störungen, die verschiedene Lebensbereiche betreffen.

Kompliziert ist die Behinderungssituation, wenn

- eine Gesundheitsstörung mit Komplikationen einhergeht (z. B. Leberzirrhose mit Blutungen in der Speiseröhre, Wasser in der Bauchhöhle oder Gehirnfunktionsstörungen);

- eine chronische Erkrankung mit langsamer, jedoch nachhaltiger Verschlechterung vorliegt (z. B. Tuberkulose, Kardiomyopathie, eine Herzmuskelerkrankung mit krankhafter Erweiterung der Herzhöhlen);

- mehrere Gesundheitsstörungen voneinander unabhängig vorliegen, diese aber gemeinsam eine oder mehrere Funktionsstörungen verursachen. Beispiel: Wenn bei Verlust einer Niere (durch Operation eines Nierentumors) die verbliebene durch Diabetes geschädigt ist, wird die Ausscheidungsfunktion harnpflichtiger Substanzen dadurch eingeschränkt. Als weitere Komplikation kann eine Hochdruckkrankheit hinzukommen, unter Umständen auch noch Gicht und Nierensteine;

- mehrere Gesundheitsstörungen vorliegen, die miteinander die Gesamtbehinderung verschlimmern. Beispiel: gleichzeitig vorliegende Taubheit und Sehminderung, Gehhilfebedarf und gleichzeitige Greifschwäche der Hände etc. Eine periphere arterielle Verschlusskrankheit eines gelähmten Beins nach Hirninsult (Schlaganfall) ist bei Bewertung der Gesamtbehinderung unerheblich. Bei einer noch nicht sehr fortgeschrittenen Herzinsuffizienz kann eine gleichzeitig bestehende Hüftgelenkarthrose die Fortbewegung zusätzlich erschweren. Dagegen ist bei einer schweren Herzschwäche und damit bedingter Bettlägerigkeit eine Gehbehinderung durch Gelenkarthrose von der Funktionseinbuße her ohne Bedeutung.

Die aufgeführten Beispiele zeigen, dass der Gutachter bei gewissenhafter Betrachtung aller Erkrankungen eines Antragstellers und den daraus resultierenden Funktionsbeeinträchtigungen in allen seinen Lebensbereichen eine Vielzahl von medizinischen Gesichtspunkten zu berücksichtigen hat.

Medizinische Voraussetzungen

Die medizinischen Gesichtspunkte müssen der Objektivität wegen aus den Diagnosen abgeleitet werden. Diese wiederum sind Ergebnisse medizinischer Untersuchungen, die mit dem wissenschaftlichen Fortschritt immer komplizierter und teurer werden. Dafür liefern sie genauere Aussagen hinsichtlich Organschäden, Funktionsausfällen, Therapierbarkeit und Prognosen.

Ganz besondere Bedeutung kommt solchen ärztlichen Befunden zu, die quantitativ messbare Untersuchungsergebnisse mit altersbezogenen Referenzwerten beinhalten. Solche Untersuchungen sind Lungenfunktionsdiagnostik, Herz-Kreislauf-Belastungstest am Ergometer, orthopädische Messmethoden zur Gelenkbeweglichkeit etc.

Die verschiedenen Krankheiten zeigen in ihrem Verlauf große Abweichungen, die bei der Bewertung des GdB berücksichtigt werden müssen. Die Krankheitscharakteristik – schneller oder langsamer Heilungsprozess, periodisches oder anfallsweises Auftreten oder Rückfälle etc. – ergibt unterschiedliche Arten funktioneller Beeinträchtigungen und Behinderungen.

Im Endeffekt kommt es bei der Begutachtung darauf an, dass festgestellt wird, welche Funktionseinschränkungen die vorliegenden Erkrankungen im Einzelnen verursachen und inwieweit diese in ihrer Gesamtheit die Lebensqualität des Antragstellers beeinträchtigen.

Der GdB als Maßstab für eine Schwerbehinderteneigenschaft setzt eine Organfunktionsstörung oder Behinderung infolge Erkrankung voraus, die länger als sechs Monate besteht. Dementsprechend wird immer – falls der Antrag früher gestellt wurde – eine Bewertung festgesetzt, die einem verbleibenden Schaden entspricht, der voraussichtlich auch nach Ablauf von sechs Monaten noch vorliegt.

Dies kann zu Enttäuschungen führen, weil erstens der Antragsteller verständlicherweise von seinem gegenwärtigen Leidensdruck ausgeht und erwartet, dass dieser entsprechend gewürdigt wird. Zweitens kann der Gutachter den Zustand nach sechs Monaten nur abschätzen.

Maßgebliche Aspekte der Bewertung

> **Beispiel:**
> Eine schwere Lungenentzündung wird nach sechs Monaten erwartungsgemäß abgeheilt sein, deshalb mit keinem GdB gewürdigt. Ein Herzinfarkt hingegen wird nach Akutbehandlung in der Klinik und Anschlussheilverfahren Folgeschäden weit über sechs Monate hinaus aufweisen.

Wenn der Antragsteller innerhalb von sechs Monaten nach Beginn der Erkrankung stirbt, wird die Behinderung nach den in sechs Monaten zu erwartenden Funktionseinschränkungen bewertet. Falls der Eintritt der Gesundheitsstörung und der Tod in einem einheitlichen Vorgang zu betrachten sind, kann eine Bewertung der Behinderung nicht vorgenommen werden.

Bei bestimmten schweren chronischen Erkrankungen, insbesondere bei Tumorerkrankungen, die zu Rezidiven neigen, wird vorerst dem Behinderungszustand entsprechend eine höhere Bewertung vorgenommen, zumal die therapeutischen Maßnahmen wie Operation, Nachbestrahlung, Chemotherapie, psychisches Trauma etc. den Zustand des Kranken noch zusätzlich abschwächen. Die endgültig zurückgebliebenen Behinderungen werden erst nach Abwarten einer sogenannten Heilungsbewährung von ca. zwei bis fünf Jahren beurteilt.

Die Heilungsbewährung beginnt mit dem Zeitpunkt der sogenannten Primärtherapie (z. B. Operation, Bestrahlung) der Erkrankung.

Gesundheitsstörungen, die erst in Zukunft zu erwarten sind, können nicht als vorliegende Behinderungen bewertet werden. In einem solchen Fall handelt es sich um eine Gefährdung des Gesundheitszustands bzw. der körperlichen Leistungsfähigkeit mit Konsequenzen im Bereich der medizinischen Rehabilitation.

Einer besonderen Abhandlung bedürfen Schmerzen und sogenannte seelische Begleiterscheinungen. Sie sind einerseits das übliche Maß betreffend bereits bei den einzelnen GdB-Bewertungen (z. B. Bandscheibenvorfall, Nierensteinerkrankung) mitberücksichtigt. Auch besonders schlimme Schmerzzustände (bei Angina pectoris, Spannungskopfschmerzen, Nierenkolik, Gürtelrose), die

Medizinische Voraussetzungen

gewöhnlich bei bestimmten Krankheiten auftreten, sind in den GdB-Positionen bereits bemessen.

Andererseits wird der Gutachter die über das übliche Maß hinausgehenden starken Schmerzzustände (z. B. Phantomschmerzen nach Amputation oder qualvolle glühend-brennende Schmerzen nach Nervenverletzung, Schmerzen bei Gehirntumoren) – wenn diese geltend gemacht wurden – zusätzlich berücksichtigen. Diese außergewöhnlichen Schmerzen benötigen eine spezielle Schmerztherapie und Betreuung unter ärztlicher Führung.

Was außergewöhnliche Schmerzzustände betrifft, gilt auch für erhebliche, über das übliche Maß hinausgehende seelische Belastungszustände. So wird die Mitteilung des Klinikarztes über die Erkrankung an einem bösartigen Tumor bei jedem Betroffenen einen Schock auslösen. Gleichzeitig beginnt eine schwere psychische Dauerbelastung durch den häufig aussichtslosen Kampf mit der Krankheit: „Außergewöhnliche seelische Begleiterscheinungen sind anzunehmen, wenn anhaltende psychoreaktive Störungen (das heißt psychische Reaktionen) in einer solchen Ausprägung vorliegen, dass eine spezielle ärztliche Behandlung dieser Störungen (z. B. mithilfe der Psychotherapie) erforderlich ist." Der Gutachter sollte im Antrag über solche Zustände Kenntnis erhalten.

Wenn eine schwere Erkrankung voll und ganz abgeheilt ist und keinen Folgeschaden hinterlässt, kann nicht von bleibenden Funktionsstörungen oder Behinderungen gesprochen werden. Wenn beispielsweise ein großer Kropf mit Überfunktion der Schilddrüse erfolgreich operiert wurde, wird eine Hormontherapie angesetzt. Der Hausarzt kontrolliert regelmäßig die Funktionswerte und sorgt somit für normale Stoffwechselverhältnisse. Eine Funktionsstörung oder Behinderung liegt dann nicht vor. Dies gilt prinzipiell für alle erfolgreich durchgeführten Operationen, die zum Ziel haben, gestörte Funktionen wiederherzustellen (z. B. gutartige Prostatavergrößerung, Darmverschluss, Nierenstein)

Wenn der operative Eingriff nur eine Korrektur bezweckt, das heißt ein Resultat „So gut wie möglich" erbracht wurde (z. B. Gelenk-Endoprothesen – künstliche Gelenke), wird die verbliebene Behinderung gewürdigt.

Will sich dagegen jemand nicht behandeln lassen, kann dies für ihn erhebliche Nachteile mit sich bringen. Beachten Sie dazu die Ausführungen in Kapitel 3.

> **Beispiel:**
> Ein zerstörtes Hüftgelenk kann ebenso zur völligen Gehunfähigkeit führen wie ein Raucherbein bei Amputation. Es kann viele Gründe geben, warum jemand die heute routinemäßig durchgeführte Hüftgelenkoperation oder einen arteriellen Bypass ablehnt.
>
> Die Einnahme von Allopurinol-Tabletten verhindert Gichtanfälle und Gichtarthrose.

Bei Verweigerung solcher Behandlungen kommt es unter Umständen zu schweren Behinderungen mit allen sozialen Konsequenzen.

Laut Gesetz ist nicht die Ursache der Behinderung, sondern allein das Vorhandensein einer solchen maßgeblich. Dies gilt auch für selbstverschuldete Behinderungen, sei das infolge Sport- oder sonstiger Unfälle, sei es infolge übermäßigen Tabak-, Alkohol-, Medikamenten- oder Drogenkonsums etc.

Bei der Vielfalt von Krankheitsverläufen ist es wichtig, dass die Begutachtung nach einheitlichen Grundsätzen unter Würdigung der besonderen Lage des Einzelfalls geschieht, wobei die „Auswirkungen der einzelnen Funktionseinschränkungen in ihrer Gesamtheit und unter Berücksichtigung ihrer wechselseitigen Beziehungen zueinander" bewertet werden.

Die ärztliche Begutachtung

Zur Bewertung einer Behinderung muss bei den meisten Anträgen ein ärztliches Gutachten (sog. Aktengutachten) im Auftrag des zuständigen Versorgungsamts erstellt werden.

Das Gutachten dient als wichtige Entscheidungsgrundlage für Ihren Antrag. Es greift allerdings keineswegs einer Entscheidung des Versorgungsamts als Verwaltungsbehörde vor. Wenn eine Versorgungsbehörde im Verwaltungsverfahren ein medizinisches

Medizinische Voraussetzungen

Gutachten einholt, so erfüllt sie ihre Pflicht, den Sachverhalt von Amts wegen zu ermitteln (§ 20 SGB X).

Verfassungsmäßig gelten die oben genannten Behörden wie alle anderen Verwaltungsbehörden als vollziehende Gewalt und sind somit an Gesetz und Recht gebunden. Deshalb sind sie verpflichtet, ein Höchstmaß an Sorgfalt aufzuwenden und den Sachverhalt in allen für die Entscheidung wesentlichen Fragen abzuklären, bevor sie einen Bescheid erlassen.

Insbesondere die medizinische Abklärung von Sachverhalten in großen Bereichen der sozialen Absicherung breiter Bevölkerungsschichten liefert den Sozialverwaltungen in Form von Gutachten die Grundlage für die Entscheidungen, die sie über bestimmte soziale Rechte und Ansprüche eines Bürgers tagtäglich zu treffen haben.

Jeder freie Sachverständigengutachter muss seinen Auftrag unter Einhaltung bindender Richtlinien bearbeiten. Diese Richtlinien sind:

- maximale Objektivität
- wissenschaftliche Gründlichkeit
- Unabhängigkeit

Sehr wichtig ist die Klarstellung des Bundessozialgerichts darüber, dass ein Verwaltungsgutachten, dazu gehört auch das medizinische Sachverständigengutachten, als sogenanntes unparteiisches Gutachten zu betrachten ist (§ 128 SGG).

Dies bedeutet im Alltag, dass der Gutachter in seinen Entscheidungen von seinem Auftraggeber – in unserem Fall vom Versorgungsamt – unabhängig ist. Er prüft mit medizinischem Sachverständnis für den Auftraggeber Versorgungsamt, ebenso aber auch für Sie als Antragsteller, ob die in Ihrem Antrag geltend gemachten Gesundheitsstörungen einen berechtigten Anspruch zur Anerkennung als Schwerbehinderung darstellen. Dabei hat er sich um eine kritische Würdigung und neutrale Wertung aller mit dem Antrag eingereichten ärztlichen Befunde bzw. sonstigen Unterlagen zu bemühen.

Die ärztliche Begutachtung

Krankheiten, Funktionsstörungen, Behinderungen oder daraus resultierende Nachteile in allen Lebensbereichen, die im Antrag nicht angegeben wurden, können vom Gutachter nicht berücksichtigt werden.

Die gutachterliche Bewertung von Untersuchungsergebnissen und die daraus gezogenen Schlussfolgerungen bezüglich des Ausmaßes von Funktionseinschränkungen etc. richten sich streng nach der heute geltenden allgemeinen Lehrmeinung in der Medizin und nicht nach persönlichen Ansichten des Gutachters.

Begutachtung nach Aktenlage

Für die Anerkennung einer Schwerbehinderung ist eine ärztliche Begutachtung erforderlich. Diese ärztliche Begutachtung ist ein sogenanntes Aktengutachten, das heißt es wird nach Aktenlage entschieden. Dies bedeutet, dass hauptsächlich die von Ihnen schriftlich dargelegten Angaben oder eingereichten ärztlichen Befunde zur Entscheidung beitragen.

Eine Begegnung, ein ärztliches Gespräch oder eine Untersuchung durch den Gutachterarzt findet nicht statt. Diese Tatsache hat den Nachteil für den Antragsteller, dass er seine gesundheitlichen Beeinträchtigungen und sozialen Nachteile in seinem Alltag nicht persönlich vermitteln kann. Der Gutachter vermisst seinerseits den für die ärztliche Arbeit auf allen medizinischen Fachgebieten so wichtigen persönlichen Eindruck und die Möglichkeit, sich in die gesundheitlichen und sozialen Probleme eines behinderten Menschen einzufühlen.

Nur in Ausnahmefällen findet ein persönliches Gespräch bzw. eine Untersuchung statt.

Nicht angegebene Leiden oder Krankheitsfolgen bleiben, und seien sie noch so schwerwiegend, im Allgemeinen unberücksichtigt. Erleidet ein älterer Patient beispielsweise einen Schlaganfall mit Folgelähmungen, wird gewöhnlich sofort ein Antrag auf Anerkennung einer Schwerbehinderung gestellt. Dass hinter dem Schlaganfall eine Herzerkrankung, Gefäßkrankheit oder Thrombose steckt, wird häufig nicht weiter ausgeführt, obwohl die klinisch-diagnostische Abklärung sich immer bemüht, die Ur-

Medizinische Voraussetzungen

sachen aufzudecken. Die Abklärung eines Schlaganfalls ist heute ohne Erfassung der möglichen krankheitsverursachenden Faktoren undenkbar.

Vor einer endgültigen Entscheidung des Versorgungsamts (durch Verwaltungsakt) muss der Antragsteller nochmals (schriftlich) angehört werden.

2 Die Akte zum Aktengutachten

Zur medizinischen Begutachtung Ihrer gesundheitlichen Beeinträchtigungen nach Aktenlage benötigt der Gutachter die Akte. Sie wird in dem für Sie zuständigen Versorgungsamt erstellt. Sie beinhaltet Ihren Antrag auf Anerkennung einer Schwerbehinderung, die von Ihnen geltend gemachten Gesundheitsstörungen und ärztliche Befunde, die Sie eingereicht haben oder das Amt angefordert hat.

Auch Ihre Mitteilungen über die Einbuße an Fähigkeiten in sozialen Verhältnissen, gesellschaftlichen Kontakten oder über sonstige persönliche Angaben bleiben in der Akte aufbewahrt. Die gleiche Akte wird auch später bei einem eventuellen Antrag auf Neubewertung wegen Verschlimmerung, zur Nachprüfung von Amts wegen oder bei Widersprüchen zur Bearbeitung vorgelegt.

Die Akte kann vom Betreffenden, seinem bevollmächtigten Vertreter, anderen Gesundheitsbehörden oder Gerichten eingesehen werden.

Der medizinische Gutachter hat andere Aufgaben als Ihr Hausarzt

Ein ärztlicher Gutachter unterscheidet sich durch seine Aufgaben von Ihrem Hausarzt. Sie gehen zu Ihrem Hausarzt wegen körperlicher oder psychischer Beschwerden. Bei einer hausärztlichen Konsultation stehen diese im Mittelpunkt. Um die Beschwerden zu beheben bzw. zu lindern, führt der Hausarzt selbst Untersuchungen durch oder veranlasst sie. Er stellt die Diagnosen, bestimmt und überwacht die Therapie.

Aufgaben des medizinischen Gutachters

Im Gegensatz dazu hat ein Gutachter die Beschwerden über gesundheitliche Funktionseinschränkungen von einem ganz anderen Gesichtspunkt aus zu bewerten. Er setzt sie mit den im Vorfeld abgeklärten Diagnosen (durch Hausarzt, Facharzt, Klinik etc.) in Verbindung, prüft die daraus abzuleitenden Behinderungen, um so zum Beispiel Erwerbsminderung, Schädigungsfolgen oder den Grad der Behinderung festzustellen.

Für den Antragsteller ist weiterhin wichtig zu wissen, dass der Arzt – Hausarzt ebenso wie Gutachter – bei der Verarbeitung von medizinischen Problemen folgendermaßen vorgeht:

- Beschwerdenanalyse
- Diagnosefindung
- Therapiebestimmung oder Feststellung eines Behinderungsgrads

Die Funktionsstörungen werden von den Gutachtern folgenden Organen bzw. Organsystemen zugeordnet:

- Gehirn und Psyche
- Augen
- Ohren
- Atmung
- Herz-Kreislauf
- Verdauung
- Harnorgane
- Geschlechtsorgane
- Haut
- Blut, blutbildende Systeme, Immunsystem
- innere Sekretion, Stoffwechsel
- Arme
- Beine
- Rumpf

Medizinische Voraussetzungen

Als Grundlage seines Gutachtens dienen dem ärztlichen Gutachter die vorliegenden Krankheiten des Antragstellers. Diese sollten gutachterlich einerseits bestätigt werden, andererseits sollen die aus den Erkrankungen resultierenden Folgeschäden und die damit verbundenen Funktionsstörungen bzw. Behinderungen oder Nachteile definiert und entsprechend des Gutachtenauftrages (z. B. Prüfung der Erwerbsminderung in der Rentenversicherung, Untersuchung von bleibenden Schädigungsfolgen in der Unfallversicherung oder Funktionsbeeinträchtigungen in allen Lebensbereichen nach dem Gesetz) interpretiert werden.

Der Gutachter ist bei seiner Beurteilung über den Grad der Behinderung nach SGB IX nicht an Feststellungen, die bereits früher nach anderen Gesetzen getroffen wurden, gebunden. Im umgekehrten Fall gilt das Gleiche.

Der Antrag auf Anerkennung der Schwerbehinderteneigenschaft

Gründe für die Antragstellung	60
Keine Ausstellung des Ausweises von Amts wegen, aber ...	62
Die Mitwirkungspflichten des Antragstellers	65
Datenschutz	69
Vorbereitung des Antrags durch den Patienten	70
Wie das Antragsformular auszufüllen ist	73
Antrag auf Neubewertung	84

Gründe für die Antragstellung

Einen Antrag auf Anerkennung von Schwerbehinderung kann jeder Bürger ohne Kostenbelastung stellen, der meint, dass er durch Funktionseinschränkungen infolge Krankheit oder Unfall in bestimmten Lebensbereichen – nicht nur bei seiner Erwerbstätigkeit – Nachteile hinnehmen muss.

Eine Feststellung über die Behinderteneigenschaft ist nicht zu treffen, wenn eine entsprechende Entscheidung schon in einem Rentenbescheid oder dergleichen festgestellt wurde. Beispielsweise sind hier der Bescheid einer Berufsgenossenschaft oder eines Versorgungsamts zu nennen. Bescheide der Rentenversicherungsträger über Berufs- oder Erwerbsunfähigkeitsrenten bzw. über Erwerbsminderungsrenten sind hier aber nicht angesprochen.

Ist die Schwerbehinderung (einschließlich Grad der Behinderung) durch eine andere Stelle festgestellt worden, stellt Ihnen trotzdem das Versorgungsamt einen Schwerbehindertenausweis aus.

Der Antrag auf Anerkennung einer Schwerbehinderung muss beim zuständigen Versorgungsamt gestellt werden. Ohne Antrag ist eine Anerkennung von Behinderungen oder ein Nachteilsausgleich nicht möglich. Die Vorlage eines vom Antragsteller angeforderten ärztlichen Attests ist nicht Bedingung.

Maßgebend ist die Tatsache des Vorliegens einer Behinderung und nicht deren Herkunft oder Ursache. Einkommen oder (soziale) Herkunft des Antragstellers sind ebenso unerheblich.

Man kann davon ausgehen, dass der instinktive Lebens- und Gesundungswille jedes Erkrankten ihn dazu bewegt, sich in ärztliche Behandlung zu begeben oder gar schwere Operationen über sich ergehen zu lassen, um Gesundheit, Kraft und Leistungsfähigkeit zurückzuerlangen. Waren diese Bemühungen erfolglos, so bleiben häufig dauerhafte Behinderungen zurück.

Ein längerer Leidensweg im Falle einer Erkrankung führt zwangsläufig dazu, dass der Antragsteller Informationen über seine Krankheit, Behandlungsmöglichkeiten, Heilungsaussichten gewinnt. Daher ist zu erwarten, dass er seine Funktionsstörungen, die er als Behinderung geltend machen will, kennt und dass er weiß, dass er Messwerte zum Nachweis der Schwere oder des

Gründe für die Antragstellung

Ausmaßes der Behinderung durch den behandelnden Arzt für den Antrag zur Verfügung zu stellen hat (siehe dazu die Ausführungen in diesem Kapitel).

Ihr Antrag sollte, wenn Sie die Diagnose zu Ihren Erkrankungen nicht nennen können, zumindest die Auswirkungen (z. B. Kopfschmerz, Schwindel) und Begleiterscheinungen (z. B. psychische Belastung bei Krebserkrankung) Ihrer Gesundheitsstörungen beinhalten.

Der Patient ist der Antragsteller, nicht sein Hausarzt oder der behandelnde Facharzt.

Häufig werden Anträge von älteren Berufstätigen gestellt, um durch Erwerb der Schwerbehinderteneigenschaft in Frührente gehen zu können.

Der Arbeitgeber wird am Antragsverfahren nicht beteiligt. Wegen des Kündigungsschutzes, Sonderurlaub etc. soll er jedoch benachrichtigt werden. Man legt dem Arbeitgeber eine beim Versorgungsamt angeforderte Eingangsbestätigung des Antrags zur Wahrung von Rechten vor.

Das Versorgungsamt prüft jeden Antrag gemäß den gesetzlichen Vorgaben dahin gehend, ob die zur Begründung des Antrags aufgeführten bzw. geltend gemachten Funktionseinschränkungen nachweislich vorliegen und in welchem Maße diese eine Behinderung oder Schwerbehinderung darstellen.

Die als Nachweis dienenden Untersuchungsbefunde müssen

- zu jeder geltend gemachten Funktionsbehinderung vorhanden sein,

- zutreffend sein und

- jüngeren Datums sein (dies gilt auch dann, wenn Sie ältere Befunde einreichen, um den Krankheitsverlauf darzustellen).

Aus den Untersuchungsbefunden erfährt der Gutachter häufig von Funktionsbehinderungen oder Schädigungsfolgen, die im Antrag nicht als Gesundheitsstörungen geltend gemacht wurden. Diese werden im Interesse des Antragstellers mitberücksichtigt.

Der Antrag auf Anerkennung

Eine Schwerbehinderung wird, im Falle berechtigter Ansprüche, ab dem Datum des Antrags anerkannt, wenn nicht ausdrücklich die Anerkennung zu einem früheren Datum beantragt wird. Der Nachweis der konkreten Entstehung der Behinderung oder des Funktionsausfalls (Lähmungen durch Hirninsult) muss erbracht werden.

Sofern Sie zur Wahrnehmung Ihrer Rechte die Antragstellung einem Rechtsanwalt oder Verbandfunktionsträger in Auftrag geben, sollten Sie bedenken, dass kein anderer als Sie Ihre Behinderungen nachempfinden kann.

Praxis-Tipp:

Kopieren Sie den Antrag nach Fertigstellung für eigene Unterlagen. Wenn ein Beratungsgespräch mit Ihren behandelnden Ärzten über den Antrag auf Anerkennung einer Schwerbehinderung nicht schon vorher stattgefunden hat, wird Ihr Arzt Sie diesbezüglich spätestens dann ansprechen, wenn er durch das Versorgungsamt zur Stellungnahme aufgefordert wird. Die Kopie Ihres Antrags wird für ihn wichtig sein. Es ist allerdings ein Nachteil, dieses hausärztliche Gespräch erst im Nachhinein zu führen.

Das Versorgungsamt bestätigt Ihnen den Eingang Ihres Antrags nur auf ausdrücklichen Wunsch. Die Eingangsbestätigung sollte dem Arbeitgeber vorgelegt werden.

Keine Ausstellung des Ausweises von Amts wegen, aber ...

Mit der Feststellung der Behinderung und dem Ausstellen von Ausweisen beschäftigt sich § 69 SGB IX. Ausdrücklich heißt es in dieser Vorschrift, dass die Feststellung der Schwerbehinderung und die Ausstellung des Schwerbehindertenausweises auf Antrag des behinderten Menschen erfolgen. Die Versorgungsbehörden müssen hier nicht von Amts wegen vorgehen.

Aus dem Gesetzestext ergibt sich zwar eindeutig, dass von den Behörden nichts ausgehen muss, was zu einem Antrag führt. Hier ist aber § 17 SGB I zu beachten. Danach sind die Leistungsträger – also auch die Träger der Versorgungsverwaltung – verpflichtet, darauf hinzuwirken, dass

- jeder Berechtigte die ihm zustehenden Sozialleistungen in zeitgemäßer Weise, umfassend und zügig erhält,
- die zur Ausführung von Sozialleistungen erforderlichen sozialen Dienste und Einrichtungen rechtzeitig und ausreichend zur Verfügung stehen,
- der Zugang zu den Sozialleistungen möglichst einfach gestaltet wird, insbesondere durch Verwendung allgemein verständlicher Antragsvordrucke und
- ihre Verwaltungs- und Dienstgebäude frei von Zugangs- und Kommunikationsbarrieren sind und Sozialleistungen in barrierefreien Räumen und Anlagen ausgeführt werden.

Hörbehinderte Menschen haben das Recht, bei der Ausführung von Sozialleistungen, insbesondere auch bei ärztlichen Untersuchungen und Behandlungen, Gebärdensprache zu verwenden. Die zuständigen Leistungsträger sind verpflichtet, die durch die Verwendung der Gebärdensprache und anderer Kommunikationshilfen entstehenden Kosten zu tragen.

Im Übrigen sind die Leistungsträger nach § 13 SGB I ebenso verpflichtet, im Rahmen ihrer Zuständigkeit die Bevölkerung über die Rechte und Pflichten nach dem SGB aufzuklären. Die Versorgungsämter tun dies mit Broschüren, Faltblättern etc. Auch die anderen Rehabilitationsträger (vgl. Kapitel 1) informieren über ihre Leistungen.

Wichtig ist hierzu auch § 14 SGB I. Demnach hat jeder Anspruch auf Beratung hinsichtlich seiner Rechte und Pflichten nach dem SGB. Dabei sind für die Beratung die Leistungsträger zuständig, denen gegenüber die Rechte geltend zu machen sind.

Durch § 15 SGB I werden die Träger der gesetzlichen Krankenversicherung (Krankenkassen) und die sozialen Pflegekassen verpflichtet, über alle sozialen Angelegenheiten nach dem SGB Auskünfte zu geben. Die Auskunftspflicht erstreckt sich auf die Benennung der für die Sozialleistungen zuständigen Leistungsträger sowie auf alle Sach- und Rechtsfragen, die für die Auskunftsuchenden von Bedeutung sein können und zu deren Beantwortung die Auskunftsstelle im Stande ist.

Die Auskunftsstellen sind verpflichtet, untereinander und mit anderen Leistungsträgern mit dem Ziel zusammenzuarbeiten, eine möglichst umfassende Auskunftserteilung durch eine Stelle sicherzustellen.

Wichtig ist in diesem Zusammenhang zudem § 16 SGB I, der sich mit der Antragstellung durch den Leistungsberechtigten beschäftigt. Danach sind Anträge auf Sozialleistungen beim zuständigen Leistungsträger zu stellen. Sie werden auch von allen

- anderen Leistungsträgern,
- allen Gemeinden und
- bei Personen, die sich im Ausland aufhalten, auch von den amtlichen Vertretungen der Bundesrepublik Deutschland im Ausland

entgegengenommen.

Anträge, die bei einem unzuständigen Leistungsträger, bei einer für die Sozialleistung nicht zuständigen Gemeinde oder bei einer amtlichen Vertretung der Bundesrepublik im Ausland gestellt werden, sind unverzüglich an den zuständigen Leistungsträger weiterzuleiten. Ist die Sozialleistung von einem Antrag abhängig, gilt der Antrag als zu dem Zeitpunkt gestellt, an dem er bei einer der genannten Stellen eingegangen ist.

Nach § 16 Abs. 3 SGB I sind die Leistungsträger, das heißt also auch die Versorgungsbehörden, verpflichtet, darauf hinzuwirken, dass unverzüglich klare und sachdienliche Anträge gestellt und unvollständige Angaben ergänzt werden.

Aus dem SGB IX sind zunächst die gemeinsamen Servicestellen zu nennen, die behinderten Menschen Beratung und Unterstützung leisten müssen (§ 22 SGB IX). Dabei geht es in erster Linie um die Leistungen der Rehabilitationsträger. In § 22 Abs. 1 Satz 3 SGB IX wird ausgeführt, dass die Beratung auch die Klärung eines Hilfebedarfs nach Teil 2 des SGB IX umfasst. Teil 2 des SGB IX enthält besondere Regelungen zur Teilhabe schwerbehinderter Menschen, also das Schwerbehindertenrecht. Hier kommt es durch das Bundesteilhabegesetz ab 01.01.2018 zu Änderungen. Künftig wird das Schwerbehindertenrecht im neu gebildeten Teil 3 geregelt.

Dabei werden die Pflegekassen bei drohender oder bestehender Pflegebedürftigkeit an der Beratung und Unterstützung durch die gemeinsamen Servicestellen beteiligt. Verbände behinderter Menschen einschließlich der Verbände der Freien Wohlfahrtspflege, der Selbsthilfegruppen und der Interessenvertretungen behinderter Frauen werden mit Einverständnis der behinderten Menschen an der Beratung beteiligt.

Die Mitwirkungspflichten des Antragstellers

Die Mitwirkungspflichten werden allgemein für alle sozialen Bereiche in den §§ 60 bis 67 SGB I geregelt. Danach hat derjenige, der Sozialleistungen beantragt oder erhält,

- alle Tatsachen anzugeben, die für die Leistung erheblich sind, und auf Verlangen des zuständigen Leistungsträgers der Erteilung der erforderlichen Auskünfte durch Dritte zuzustimmen,
- Änderungen in den Verhältnissen, die für die Leistung erheblich sind oder über die im Zusammenhang mit der Leistung Erklärungen abgegeben worden sind, unverzüglich mitzuteilen,
- Beweismittel zu bezeichnen und auf Verlangen des zuständigen Leistungsträgers Beweisurkunden vorzulegen oder ihrer Vorlage zuzustimmen.

Nach ausdrücklicher Vorschrift in § 60 Abs. 2 SGB I sollen Vordrucke benutzt werden, soweit diese vorgesehen sind.

Hier ist insbesondere der Antragsvordruck für die Feststellung der Schwerbeschädigteneigenschaft zu beachten.

Die Zustimmung zu Auskünften durch Dritte ist zum Beispiel im Zusammenhang mit Ärzten zu sehen, die Auskünfte über den Gesundheitszustand des Antragstellers geben können. Auch für diese Zustimmungserklärungen werden in der Regel Vordrucke benutzt.

Die Versorgungsämter fordern in ihren Hinweisen dazu auf, auf dem Antragsvordruck alle behandelnden Ärzte sowie Kranken-

Der Antrag auf Anerkennung

häuser mit genauem Aufenthaltsdatum sowie Kuranstalten anzugeben. Außerdem werden die Antragsteller aufgefordert, ärztliche Berichte, die ihnen vorliegen (ggf. in Kopie) beizufügen.

Mitwirkungspflichten des Antragstellers

Pflicht	Erläuterung
Angabe von Tatsachen	dazu gehört auch die Vorlage von Beweismitteln und sonstiger Unterlagen
Mitteilung der Änderungen von Verhältnissen	soweit sie für die Leistung erheblich oder über die im Zusammenhang mit der Leistung Erklärungen abgegeben worden sind
persönliches Erscheinen	auf Aufforderungen des Leistungsträgers (Fahrtkostenersatz)
Untersuchungen	nicht für Behandlungen und Untersuchungen, ■ bei denen im Einzelfall ein Schaden für Leben und Gesundheit nicht mit hoher Warscheinlichkeit ausgeschlossen werden kann, ■ die mit erheblichen Schmerzen verbunden sind oder ■ die einen erheblichen Eingriff in die körperliche Unversehrtheit bedeuten
Durchführung bestimmter Heilbehandlungen	
Leistung zur Teilhabe am Arbeitsmarkt	Voraussetzung: Bei angemessener Berücksichtigung der beruflichen Neigungen des behinderten Menschen und seiner Leistungsfähigkeit ist zu erwarten, dass die Leistungen seine Erwerbs- oder Vermittlungsfähigkeit auf Dauer fördern oder erhalten werden.

Praxis-Tipp:

Geben Sie in Ihrem Antrag die behandelnden Ärzte an und legen Sie Kopien der ärztlichen Berichte (soweit vorhanden) bei! Sie verkürzen dadurch eventuell das Verfahren. So müssen Sie sich auch keine besonderen Atteste durch die Ärzte

> ausstellen lassen. Solche Atteste verursachen unter Umständen sogar ganz erhebliche Kosten.

Wie aus dem vorstehenden Schaubild hervorgeht, muss derjenige, der Sozialleistungen beantragt oder erhält, auf Verlangen des zuständigen Leistungsträgers zur mündlichen Erörterung des Antrags persönlich erscheinen. Das persönliche Erscheinen kann auch für die Entscheidung anderer über die Leistung notwendiger Maßnahmen erforderlich sein.

> **Praxis-Tipp:**
> Beachten Sie bitte unbedingt, dass Sie in einem solchen Fall unter Umständen Anspruch auf Ersatz Ihrer Auslagen (Fahrtkosten) haben. Auch der Verdienstausfall wird in angemessenem Umfang erstattet. Allerdings erfolgt die Erstattung nur in einem Härtefall. Das bedeutet, dass Sie beispielsweise im Einzelfall beweisen müssen, dass Sie (ggf. wegen Ihrer Behinderung) öffentliche Verkehrsmittel nicht benutzen konnten, sondern ein Taxi benutzen mussten.

§ 62 SGB I sieht vor, dass derjenige, der Sozialleistungen beantragt oder erhält, sich auf Verlangen des zuständigen Leistungsträgers ärztlichen und psychologischen Untersuchungsmaßnahmen unterziehen muss, jedoch nur soweit es für die Entscheidung über die Leistung erforderlich ist.

Wichtig: In einem solchen Fall haben Sie Anspruch auf Erstattung Ihrer Aufwendungen. Das Vorliegen eines Härtefalls muss hier nicht nachgewiesen werden.

In Zusammenhang mit dem Antrag auf Ausstellung eines Schwerbehindertenausweises spielen die §§ 63 und 64 SGB I keine besondere Rolle. Hier geht es um die Verpflichtung eines Leistungsberechtigten, sich einer Heilbehandlung zu unterziehen oder an einer Leistung zur Teilhabe am Arbeitsleben teilzunehmen.

Eine solche Verpflichtung kann aber in Zusammenhang mit Ansprüchen auf Teilhabe selbst bestehen (vgl. Kapitel 1).

Grenzen der Mitwirkungspflichten

Von besonderer Bedeutung ist in Zusammenhang mit den Mitwirkungspflichten die Vorschrift des § 65 SGB I. Es geht hier um die Grenzen der Mitwirkung.

Die Mitwirkungspflichten bestehen nämlich nicht, soweit

- ihre Erfüllung nicht in einem angemessenen Verhältnis zu der in Anspruch genommenen Sozialleistung steht oder

- ihre Erfüllung dem Betroffenen aus einem wichtigen Grund nicht zugemutet werden kann oder

- der Leistungsträger sich durch einen geringeren Aufwand als der Antragsteller oder Leistungsberechtigte die erforderlichen Kenntnisse selbst beschaffen kann.

„Ein wichtiger Grund" kann in diesem Sinne der Gesundheitszustand des Betroffenen sein. Dieser Zustand kann ihn davon abhalten, einer Einladung zu einer ärztlichen Untersuchung zu folgen.

Der Leistungsträger kann sich beispielsweise dann mit einem geringeren Aufwand als der Antragsteller die erforderlichen Kenntnisse selbst beschaffen, wenn der Antragsteller kurz vor einer verlangten Untersuchung für einen anderen Leistungsträger untersucht wurde. Sind beispielsweise Untersuchungen aufgrund eines Antrags auf Rente wegen Erwerbsminderung durchgeführt worden, sollte der Antragsteller hierauf unbedingt hinweisen. Das Versorgungsamt kann diese Untersuchungsergebnisse einholen und dadurch auf Einleitung einer besonderen Untersuchung unter Umständen verzichten.

Wichtig: Der Antragsteller kann bestimmte Behandlungen und Untersuchungen ablehnen. Dabei geht es um Behandlungen und Untersuchungen,

- bei denen im Einzelfall ein Schaden für Leben oder Gesundheit mit hoher Wahrscheinlichkeit nicht ausgeschlossen werden kann, oder

- die mit erheblichen Schmerzen verbunden sind, oder

- die einen erheblichen Eingriff in die körperliche Unversehrtheit bedeuten.

Übrigens: Angaben, die dem Antragsteller oder ihm nahe stehende Personen der Gefahr aussetzen würden, wegen einer Straftat oder einer Ordnungswidrigkeit verfolgt zu werden, können verweigert werden.

Mit den Folgen fehlender Mitwirkung beschäftigt sich § 66 SGB I. Es geht hier darum, dass jemand seiner Mitwirkungspflicht nicht nachkommt. Damit es zu einer „Folge" kommen kann, ist es aber Voraussetzung, dass durch den Verstoß gegen die Mitwirkungspflicht die Aufklärung des Sachverhalts erheblich erschwert wird. Der Leistungsträger kann in einem solchen Fall ohne weitere Ermittlungen die Leistung bis zur Nachholung der Mitwirkung ganz oder teilweise versagen oder entziehen. Dazu ist es aber erforderlich, dass die Voraussetzungen der Leistung nicht nachgewiesen sind.

Vorstehendes gilt entsprechend, wenn der Antragsteller in anderer Weise absichtlich die Aufklärung des Sachverhalts erheblich erschwert.

In Zusammenhang mit dem Antrag auf Feststellung der Schwerbehinderung wird eine fehlende Mitwirkung dazu führen, dass das Verfahren wesentlich länger dauert oder vom Versorgungsamt eingestellt wird, ohne dass es zur Ausstellung eines Schwerbehindertenausweises kommt.

§ 67 SGB I bestimmt im Übrigen, dass dann, wenn die Mitwirkung nachgeholt wird und die Leistungsvoraussetzungen vorliegen, der Leistungsträger Sozialleistungen, die er versagt oder entzogen hat, nachträglich ganz oder teilweise erbringen kann.

Datenschutz

Seit vielen Jahren ist der Datenschutz ein fester Bestandteil im Recht der Bundesrepublik Deutschland. Er hat seinen Eingang auch in das Sozialrecht gefunden. Rechtsgrundlage ist hier in erster Linie § 35 SGB I. Danach hat jeder Anspruch darauf, dass die ihn betreffenden Sozialdaten von den Leistungsträgern (das

Der Antrag auf Anerkennung

gilt auch für die Versorgungsbehörden) nicht unbefugt erhoben, verarbeitet oder genutzt werden.

Das Gesetz spricht hier vom Sozialgeheimnis.

Den Begriff der Sozialdaten erläutert § 67 Abs. 1 SGB X. Hiernach sind Sozialdaten Einzelangaben über persönliche oder sachliche Verhältnisse einer bestimmten oder bestimmbaren natürlichen Person (Betroffener). Die Daten müssen von einem Sozialleistungsträger (z. B. Versorgungsamt) im Hinblick auf seine Aufgaben nach dem SGB erhoben, verarbeitet oder genutzt werden.

Die Versorgungsämter müssen zur Durchführung ihrer Aufgaben, also etwa zur Feststellung der Schwerbehinderteneigenschaft, viele Daten sammeln und verwerten. Dabei handelt es sich um Daten, die der Antragsteller angegeben hat (auf dem Antragsformular oder auf sonstigen Unterlagen oder auch mündlich), oder um Daten beispielsweise aus ärztlichen Berichten, Untersuchungsergebnissen etc.

Die Wahrung des Sozialgeheimnisses umfasst im Übrigen die Verpflichtung, auch innerhalb des Leistungsträgers sicherzustellen, dass die Sozialdaten nur Befugten zugänglich sind oder nur an diese weitergegeben werden. Die ärztliche Schweigepflicht gilt auch für die „ärztlichen Stellen" der Sozialleistungsträger.

Die Beschäftigten der Sozialleistungsträger haben auch nach Beendigung ihrer Tätigkeit das Sozialgeheimnis zu wahren.

Vorbereitung des Antrags durch den Patienten

Der wirtschaftliche, soziale und berufliche Nachteilsausgleich eines körperlich behinderten Menschen stellt eine wichtige Chance zur berechtigten Teilhabe am Leben in der Gesellschaft dar.

Früheren Empfehlungen zufolge solle jeder, der meint, an Gesundheitsstörungen zu leiden, die eine Schwerbehinderteneigenschaft bedingen, einen Antrag auf deren Anerkennung stellen. Diese Betrachtungsweise ist jedoch nicht richtig.

Das Gesetz verbindet nämlich die Anerkennung einer Schwerbehinderteneigenschaft mit der Erfüllung von Bedingungen. Die sorgfältige Beachtung und das Erfüllen dieser Bedingungen

Vorbereitung des Antrags durch den Patienten

sichert nur den tatsächlich behinderten Menschen Schutzrechte und zahlreiche Leistungsansprüche. Nicht zuletzt deshalb sollte nicht an Zeit und Mühe gespart werden, den Schwerbehindertenantrag sorgfältig vorzubereiten.

An wen können Sie sich wegen Hilfestellung wenden?

Als Erstes sollten Sie Ihren Hausarzt aufsuchen. Er oder Ihre behandelnden Fachärzte wie Orthopäde, Internist, Psychiater etc. sollen über Ihren Antrag im Rahmen eines ärztlichen Beratungsgesprächs informiert werden. Sie sind diejenigen, die Ihr Vorhaben sachverständig beurteilen können, nämlich

- ob es sinnvoll ist, einen Antrag bei den vorliegenden Gesundheitsstörungen zu stellen,

- welche der Funktionsstörungen als Krankheitsfolgen zur Begründung des Antrags aufgeführt, das heißt geltend gemacht werden,

- ob die vorliegenden aktuellen ärztlichen Befunde als Nachweis eines Krankheitsereignisses ausreichen (z. B. Ausfall eines Bewegungsvorgangs durch Nervenlähmung) oder vervollständigt werden müssen,

- ob es erforderlich ist, den langjährigen Verlauf einer chronischen Krankheit darzustellen (z. B. Morbus Crohn),

- ob der Nachweis einer unaufhaltsamen Progression zu führen ist (z. B. bei PcP oder Krebs),

- ob im Antrag zu beschreiben ist, dass durch Therapie die Erkrankung keine Heilung, sondern nur die Verhinderung einer Progression ermöglicht wird (Zuckerkrankheit),

- ob nach einer Operation Funktionsstörungen zurückgeblieben sind (als Laie glaubt man häufig, dass jeder Zustand nach einer Operation als Behinderung gewürdigt wird), und

- ob zu erwarten ist, dass Ihnen die Schwerbehinderteneigenschaft oder zumindest die Behinderteneigenschaft zuerkannt wird.

Ärztliche Befunde zu Ihren Krankheiten, die den geltend zu machenden Funktionsstörungen zugrunde liegen, müssen dem Ver-

Der Antrag auf Anerkennung

sorgungsamt in jedem Fall als notwendige Nachweise vorgelegt werden.

> **Beispiel:**
>
> - Bei einem Beugedefizit im Kniegelenk nach Unfallverletzung oder Operation beinhalten orthopädisch fachärztliche Untersuchungsberichte die entsprechenden Messwerte der eingeschränkten Gelenk- bzw. Wirbelsäulenbeweglichkeit.
>
> - Die schmerzfreie Gehstrecke bei arterieller Verschlusskrankheit beträgt auf dem Laufband 50 Meter (der Messwert wird im Bericht einer Gefäßambulanz ausgewiesen).
>
> - Eine Hörminderung kann im Versorgungsamt ohne Vorlage eines Tonaudiogramms des HNO-Arztes, eine geltend gemachte Sehminderung ohne Prüfung der Sehschärfe nach Richtlinien der Deutschen Gesellschaft für Augenheilkunde bei Ihrem Augenarzt im Allgemeinen nicht akzeptiert werden.

Diese beispielhaft erwähnten Messwerte Ihrer Funktionseinschränkungen liegen dem Hausarzt oder Ihren behandelnden Fachärzten vor. Sie sollten für Ihren Antrag bereitgestellt werden.

Ärztliche Atteste

Ein ärztliches Attest oder Gutachten für teures Geld ist keine Bedingung und auch kein Vorteil zur Anerkennung von Gesundheitsstörungen durch das Versorgungsamt. Bei der Erstellung eines Attests wird sich allerdings Ihr behandelnder Arzt bemühen, umfassend und eingehend Ihre Behinderungen den Erfordernissen des Amts entsprechend darzustellen. Es kommt dabei nicht auf die wohlwollend umfangreichen Ausführungen des behandelnden Arztes über Ihre zahlreiche Leiden an, sondern insbesondere auf die Messwerte und sonstigen Befunddokumentationen, die das genaue Ausmaß Ihrer jeweiligen Behinderungen wiedergeben. Außerdem es ist richtig, wenn er die zur Begründung notwendigen Befunde auf Aktualität hin überprüft und ggf. Kontrolluntersuchungen veranlasst. Für ein solches Attest wird er eine Gebühr nach der ärztlichen Gebührenordnung erheben. Das Versorgungsamt übernimmt die Kosten für die vom Antragsteller besorgten ärztlichen Atteste oder Bescheinigungen allerdings nicht.

Wenn eine ärztliche Beratung wie oben geschildert nicht stattfindet, klärt das Amt die Sachlage zu Ihren geltend gemachten Gesundheitsstörungen von Amts wegen.

Wie das Antragsformular auszufüllen ist

Das für den Wohnort zuständige Versorgungsamt hat nach § 69 SGB IX (ab 01.01.2018: § 152 Abs. 1 SGB IX) auf Antrag den Grad der Behinderung und ggf. weitere gesundheitliche Merkmale festzustellen.

In der Regel wird der entsprechende Vordruck auch auf den Rathäusern ausgegeben. Der Vordruck kann aber auch von der Website des für Sie zuständigen Versorgungsamts heruntergeladen werden (www.versorgungsaemter.de). Im Übrigen übersenden die Versorgungsämter den Vordruck nach telefonischer oder schriftlicher Anforderung.

Wichtig: Der Antrag auf Anerkennung der Schwerbehinderteneigenschaft kann auch formlos gestellt werden. Das Versorgungsamt sendet Ihnen daraufhin die Antragsformulare zu.

Der Vordruck muss nicht unbedingt mit Schreibmaschine ausgefüllt werden. Wenn Sie den Vordruck handschriftlich ausfüllen, verwenden Sie bitte Blockschrift.

Der Antrag kann auch zur Niederschrift eingereicht werden. Das bedeutet: Sie müssen während der Sprechzeiten des Versorgungsamts dort vorsprechen. Die Angaben werden dann von einem Mitarbeiter des Versorgungsamts schriftlich aufgenommen.

Der ausgefüllte Antrag kann per Post oder per Fax an das zuständige Versorgungsamt geschickt werden. Natürlich kann er auch persönlich beim Versorgungsamt abgegeben werden. Eine Antragstellung per E-Mail ist zurzeit in der Regel noch nicht möglich.

Wichtig: Geht der Antrag dem falschen Sozialleistungsträger zu, ist § 16 SGB I zu beachten (vgl. Seite 74). Das gilt auch, wenn der Antrag beim falschen Versorgungsamt eingereicht wird.

Der Antrag auf Anerkennung

Die erste Seite des Antrags

Hier sind Angaben zur Person zu machen. Außerdem geht es um Angaben zur Staatsangehörigkeit:

- Staatsangehörigkeit
- Ausländer außerhalb der EU
- Ausländer innerhalb der EU
- Grenzgänger (18 Stunden)
- Staatenlose
- Deutsche, die im Ausland leben
- Deutsche, die im Ausland arbeiten
- Wohnsitz oder Arbeitgeber von Ausländern im Bundesgebiet

Wenn ein Kind schwer erkrankt ist, wird der Antrag von seinem gesetzlichen Vertreter, Betreuer oder von den Eltern des Kindes gestellt.

Wichtig ist in diesem Zusammenhang die Vorschrift des § 36 SGB I. Danach kann derjenige, der das 15. Lebensjahr vollendet hat,

Der Leistungsträger soll allerdings den gesetzlichen Vertreter über die Antragstellung und die erbrachten Sozialleistungen unterrichten.

Das Gleiche gilt in der Regel bei geistig behinderten oder sonst sehr schwerbehinderten Menschen wie Blinden. Zum Betreuer dieser Personen werden oftmals Verwandte oder sonst Menschen ernannt, zu denen der behinderte Mensch Vertrauen hat.

- Anträge auf Sozialleistungen stellen und
- verfolgen sowie
- Sozialleistungen entgegennehmen.

Der gesetzliche Vertreter kann die Handlungsfähigkeit des Antragstellers durch eine schriftliche Erklärung gegenüber dem Leistungsträger einschränken.

Traut sich jemand nicht zu, den Antrag selbst zu stellen, wird er sich eines Beistands oder eines Bevollmächtigten bedienen. Viele

Wie das Antragsformular auszufüllen ist

Menschen wenden sich hier auch an ihren Hausarzt oder ihren behandelnden Arzt.

Wichtig: Die Vollmacht ermächtigt zu allen, das Verwaltungsverfahren betreffenden Verfahrenshandlungen, wenn sich aus ihrem Inhalt nichts anderes ergibt.

Auf Verlangen hat ein Bevollmächtigter seine Vollmacht schriftlich nachzuweisen. Ein Widerruf der Vollmacht wird dem Leistungsträger gegenüber erst wirksam, wenn er diesem zugeht.

> **Praxis-Tipp:**
> Auch wenn das Versorgungsamt nicht unbedingt die schriftliche Vollmacht einsehen muss, in der Praxis geschieht dies meist. Es wird daher empfohlen, immer eine schriftliche Vollmacht auszustellen.

Muster: Vollmacht

Max Brader
Wilhelmstr. 11
73711 Weinsheim

Vollmacht

Hiermit bevollmächtige ich, Max Brader, Weinsheim, meinen Schwager, Othmar Helmes, Römergasse 18, 73711 Weinsheim, meine Interessen im Verwaltungsverfahren beim Versorgungsamt Weinsheim zur Erlangung eines Schwerbehindertenausweises zu vertreten. Er kann alle Rechtshandlungen vornehmen, die auch mir möglich wären.

Weinsheim, den ...

(Unterschrift)

Wichtig: Ist für das Verfahren ein Bevollmächtigter bestellt, muss sich das Versorgungsamt an ihn wenden. Soweit der Beteiligte zur Mitwirkung verpflichtet ist, kann sich das Versorgungsamt an ihn wenden. Wendet sich das Versorgungsamt allerdings an den Betroffenen selbst, muss der Bevollmächtigte verständigt werden.

Der Antrag auf Anerkennung

Die Vollmacht wird im Übrigen weder durch

- den Tod des Vollmachtgebers, noch
- eine Veränderung in seiner Handlungsfähigkeit oder
- eine Veränderung seiner gesetzlichen Vertretung

aufgehoben.

Der Bevollmächtigte hat jedoch, wenn er für den Rechtsnachfolger im Verwaltungsverfahren auftritt, dessen Vollmacht auf Verlangen schriftlich beizubringen.

Vom Bevollmächtigten ist der Beistand zu unterscheiden. Ein Antragsteller kann nämlich zu Verhandlungen und Besprechungen mit einem Beistand erscheinen. Dabei gilt das von dem Beistand Vorgebrachte als von dem Antragsteller vorgetragen. Das gilt nur dann nicht, wenn dieser unverzüglich widerspricht.

Sowohl Bevollmächtigte als auch Beistände sind zurückzuweisen, wenn sie geschäftsmäßig fremde Rechtsangelegenheiten besorgen, ohne dazu befugt zu sein. Ein Antragsteller kann also beispielsweise einen Rentenberater bevollmächtigen. Stellt sich aber heraus, dass der Betreffende zwar als Rentenberater tätig ist, die dazu erforderliche Zulassung aber nicht besitzt, ist er als Beistand vom Versorgungsamt zurückzuweisen.

Die vorstehenden Grundsätze gelten natürlich auch für ausländische Mitbürger. Hier ist aber zu beachten, dass es – je nach Nationalität – viele Interessenvereinigungen gibt, die ausländischen Mitbürgern behilflich sind.

Im Übrigen kann natürlich jede Person des Vertrauens in Anspruch genommen werden. Außerdem kommen hier in Betracht:

- Mitglieder und Angestellte von Gewerkschaften
- Mitglieder und Angestellte von selbstständigen Vereinigungen von Arbeitnehmern mit sozial- oder berufspolitischer Zwecksetzung
- Mitglieder und Angestellte von Vereinigungen von Arbeitgebern
- Mitglieder und Angestellte von berufsständischen Vereinigungen der Landwirtschaft

- Mitglieder und Angestellte von Vereinigungen, deren satzungsgemäße Aufgaben die gemeinschaftliche Interessenvertretung, die Beratung und Vertretung der Leistungsempfänger nach dem sozialen Entschädigungsrecht oder der behinderten Menschen wesentlich umfassen. Insbesondere sind hier Vertreter von Behindertenverbänden anzusprechen.

Die betreffenden Personen müssen kraft Satzung oder Vollmacht zur Prozessvertretung bevollmächtigt sein.

Läuft für jemanden ein Verwaltungsverfahren vor dem Versorgungsamt und hat dieser keinen Wohnsitz oder gewöhnlichen Aufenthalt im Inland, so muss er dem Versorgungsamt auf Verlangen innerhalb einer angemessenen Frist einen Empfangsbevollmächtigten im Inland benennen.

Unterlässt er dies, gilt ein an ihn gerichtetes Schriftstück am siebten Tag nach der Aufgabe zur Post und ein elektronisch übermitteltes Dokument am dritten Tag nach der Absendung als zugegangen. Dies gilt allerdings nicht, wenn feststeht, dass das Dokument den Empfänger nicht oder zu einem späteren Zeitpunkt erreicht hat. Auf die Rechtsfolgen des Unterlassens hat das Versorgungsamt den Antragsteller hinzuweisen.

Natürlich können auch Rechtsanwälte beauftragt werden. Unter bestimmten Voraussetzungen kann der Antragsteller die hier anfallenden Kosten ersetzt bekommen.

Der Antrag auf Anerkennung

Bestellung eines Vertreters von Amts wegen

```
kein Vertreter vorhanden → Antrag des Leistungsträgers → beim Familiengericht
                                                              ↓
                                                    Bestellung eines
                                                    geeigneten Vertreters
```

Möglichkeiten der Bestellung von Amts wegen bestehen

- für einen Beteiligten, dessen Aufenthalt unbekannt ist
- für einen abwesenden Beteiligten, dessen Aufenthalt unbekannt ist **oder** der an der Besorgung seiner Angelegenheiten verhindert ist
- für einen Beteiligten, ohne Aufenthalt im Inland — wenn er der Aufforderung des Leistungsträgers, einen Vertreter zu bestellen, nicht fristgemäß nachgekommen ist
- für einen Beteiligten, der infolge
  - einer psychischen Krankheit oder
  - körperlichen,
  - geistigen oder
  - seelischen Behinderung

  nicht in der Lage ist, im Verfahren selbst tätig zu werden

Angaben über die Gesundheitsstörungen/Erklärungen

Punkt III/1: „Soll Ihr Antrag nach dem SGB IX alle bei Ihnen bestehenden Gesundheitsstörungen umfassen?"

Es wird Ihnen im Sinne des SGB IX freigestellt, nur bestimmte oder alle Ihre Gesundheitsstörungen bei der Anerkennung einer Schwerbehinderung geltend zu machen.

Wie das Antragsformular auszufüllen ist

Dabei wird eine Entscheidung des Bundessozialgerichts beachtet, wonach es dem Behinderten überlassen ist, welche Leiden er bei der Anerkennung berücksichtigt haben will. Anlass dazu gab eine Klage zum Schutz der Privatsphäre (z. B. Geisteskrankheit, Geschlechtskrankheit) bei der amtlich geführten Sachaufklärung.

Wenn sich Ihr Antrag auf alle Ihre Gesundheitsstörungen bezieht, werden bei allen Ihren behandelnden Ärzten, Krankenanstalten und Ämtern Befundrecherchen von Amts wegen durchgeführt. Dies geschieht in den meisten Fällen. Sie sollten allerdings nicht der Ansicht sein, dass Sie sich dadurch die Mühe einer sorgfältigen Vorbereitung Ihres Antrags sparen können, weil ja das Amt diese Aufgabe übernimmt. Jeder kennt sein Leiden selbst am besten. Deshalb ist es für eine schnelle Bearbeitung Ihres Antrags von Vorteil, wenn Sie die Frage des Antragsformulars unter Punkt II/2 sorgfältig und gut überlegt beantworten.

Punkt II/2: „Welche der bei Ihnen vorliegenden körperlichen, geistigen oder seelischen Gesundheitsstörungen sollen nach dem SGB IX berücksichtigt werden?"

Ihre Angaben, Ausführungen und selbst die Formulierung Ihrer geltend zu machenden Leiden zu dieser Frage sind von entscheidender Bedeutung.

Das Wort Gesundheitsstörung stellt einen Sammelbegriff dar. Seine Deutung wurde bereits in Kapitel 2 besprochen.

Im Schwerbehindertenantrag sind die Funktionsstörungen wie Bewegungseinschränkung von Gelenken, Herzminderleistung, Sehschwäche, Schwindel von entscheidender Bedeutung. Die alleinige Bezeichnung Ihrer Krankheiten oder Diagnosen (z. B. Krebserkrankung, Hypertonie – Bluthochdruck, Hüftgelenkarthrose), ohne dabei auch die damit verbundenen Funktionsstörungen zu beschreiben, erlaubt im Rahmen der Aktenbegutachtung nur eine Pauschaleinschätzung Ihrer tatsächlichen Behinderung.

Die Angaben zu den Gesundheitsstörungen können leicht gemacht werden, wenn vorher darüber eine ausführliche Besprechung mit dem behandelnden Arzt erfolgt ist.

Der Antrag auf Anerkennung

Der Gutachteralltag zeigt, dass die Antragsteller die Bedeutung und Folgen von Versäumnissen bei den Angaben zu Punkt II/2 nicht richtig einschätzen. Häufig bleiben diese Fragen unbeantwortet bzw. ist deren Beantwortung unvollständig oder die verwendeten Begriffe für Gesundheitsstörungen zeigen, dass ein Gespräch mit dem behandelnden Arzt nicht stattgefunden hat. Viele Antragsteller verweisen dagegen oft auf die ärztlichen Befunde, die vorgelegt oder vom Amt angefordert werden.

Möglichst in Übereinstimmung mit Ihrem behandelnden Arzt geben Sie unter Punkt II/2 nacheinander an, an welchen Krankheiten Sie leiden. Er wird Ihnen mit seiner ärztlichen Denkweise Ihre Krankheiten und Folgebehinderungen mit der richtigen Bezeichnung nennen, Symptome und Beschwerden von den Krankheitsbezeichnungen trennen sowie Organsysteme voneinander unterscheiden.

Eine Verständigung mit dem behandelnden Arzt ist nicht zuletzt deshalb so wichtig, weil er Ihre Untersuchungsbefunde, die die geltend gemachten Gesundheitsstörungen bestätigen, dem Gutachter des Versorgungsamts zur Verfügung stellen muss.

Es ist nicht ausreichend, wenn der Antragsteller nur seine Beschwerden wie Kopfschmerzen, Erschöpfung, Husten, häufiges Bauchweh, Zittern etc. als Gesundheitsstörung angibt, da nicht ersichtlich ist, welche Krankheiten sich hinter diesen Symptomen verbergen.

Eine fachärztlich diagnostische Abklärung kann beispielsweise bei Kopfschmerz Migräne, Bluthochdruck oder grünen Star, Halswirbelsäulenveränderungen, Gehirntumor etc. feststellen. Jede dieser Krankheiten wird unterschiedlich bewertet.

Falsch ist zum Beispiel auch die Bezeichnung „Beschwerden nach Knochenbruch". Wenn der Knochenbruch nicht richtig ausgeheilt ist, muss die zurückbleibende Funktionsstörung durch Deformität oder statische Instabilität benannt werden. Oder findet der behandelnde Orthopäde eventuell nur Muskelverspannungen vor?

Der behandelnde Arzt wird darauf achten, dass eine Krankheit mit dem Hinweis auf eventuelle Komplikationen angegeben wird, Beispiel: Zuckerkrankheit mit Spätschäden. Hier sind die

Wie das Antragsformular auszufüllen ist

bekannten Nerven-, Gefäß-, Augen-, Leber- oder Nierenschäden der Diabetiker gemeint. Manche Komplikationen können, wenn sie mit schwerwiegenden Funktionsstörungen einhergehen (z. B. Polyneuropathie, arterielle Verschlusskrankheit, Sehminderung), extra bewertet werden.

Richtig ist beispielsweise die Angabe „Gehirnschlag mit Halbseitenlähmung links", da sofort auf die Funktionseinschränkung hingewiesen wird. In ähnlicher Weise sollte man beispielsweise über eine Lungenfunktionseinschränkung bei Lungenemphysem (Lungenblähung mit Beeinträchtigung der Atemfunktion) oder Herzminderleistung bei koronarer Herzkrankheit sprechen.

Praxis-Tipp:
Ihre einzelnen Gesundheitsstörungen sollten Sie nummerieren oder der im Antrag unter II/2 vorgedruckten Gliederung folgen. Dadurch gewinnen Sie selbst Übersicht und können auf Vollständigkeit achten. Dies ist auch vorteilhaft bei der Bearbeitung im Amt.

Angaben zur Ursache Ihrer Gesundheitsstörungen wie angeborene Erkrankungen, Arbeits-, Verkehrs-, häuslicher Unfall, Berufskrankheit, Kriegs-, Zivildienstbeschädigung, Impfschaden und sonstige Ursachen haben für das Versorgungsamt statistische Bedeutung.

Das Amt weist ausdrücklich in dem Antragsformular darauf hin: „Sie können selbst zur Verfahrensbeschleunigung beitragen, wenn Sie vorhandene aktuelle Arztberichte und Untersuchungsunterlagen wie Facharztbriefe und Krankenhausberichte beifügen."

Punkt II/3: Von welchen Ärzten wurden Sie in den letzten zwei Jahren behandelt?

Unter Punkt II/3 im Antragsformular werden Sie aufgefordert, Namen und Adressen Ihrer behandelnden Ärzte bzw. Fachärzte zu nennen, Krankenhäuser, sonstige Kranken-, Kur- und Heilanstalten anzugeben, in denen Sie in den vergangenen zwei

Der Antrag auf Anerkennung

Jahren untersucht oder therapiert wurden. Diese Frage bezieht sich selbstverständlich auf die geltend gemachten Gesundheitsstörungen. Nach Ihrem Hausarzt wird gesondert gefragt.

Sie werden gleichzeitig darüber in Kenntnis gesetzt und erklären sich damit ausdrücklich einverstanden, dass das Versorgungsamt im Rahmen des Verwaltungsverfahrens und in einem eventuell sich anschließenden Vorverfahren die betreffenden ärztlichen Unterlagen (Untersuchungsbefunde, Krankengeschichte, ärztliche Aufzeichnungen, Befundberichte, auch soweit sie von anderen Ärzten oder Stellen erstellt wurden) hinzuzieht.

3 Wenn Sie bei Ihrem Antrag die Geltendmachung bestimmter Erkrankungen als ausgeschlossen wissen wollen, geben Sie nur Ihren Hausarzt an, der auf Ihren Wunsch hin eine entsprechende Auswahl Ihrer Unterlagen vornimmt.

Ihr Einverständnis zur Entbindung der beteiligten behandelnden Ärzte und Amtsärzte von der Schweigepflicht ist aus datenschutzrechtlichen Gründen erforderlich.

Punkt II/4: „Wurde vom Versorgungsamt oder einer anderen Verwaltungsbehörde, einer Berufsgenossenschaft oder einem Gericht bereits eine Feststellung über den Grad der MdE bzw. der Behinderung getroffen oder besitzen Sie eine vorläufige Bescheinigung von einer dieser Stellen oder läuft ein entsprechendes Verfahren?"

Wenn Sie diese Frage mit Ja beantworten, sollten Sie Folgendes bedenken: Sie werden nach den betreffenden Gesundheitsstörungen und nach den Behörden befragt, bei denen diese gemeldet und bearbeitet wurden. Wenn zum Beispiel ein Verfahren wegen Betriebsunfall bei der Berufsgenossenschaft im Gange ist, müssen der Unfalltag und das Aktenzeichen angegeben werden. Kopien von einem bereits vorliegenden Feststellungsbescheid oder sonstigen Verfahrensunterlagen sollten Sie dem Antrag als Anlage immer beiheften.

Zum Datenschutz bzw. Schutz der Intimsphäre gelten die gleichen, zuvor genannten Gesichtspunkte.

Wie das Antragsformular auszufüllen ist

Punkt II/5: „Erhalten Sie Berufs- oder Erwerbsunfähigkeitsrente bzw. Rente wegen Erwerbsminderung aus der gesetzlichen Rentenversicherung oder haben Sie dort einen Antrag gestellt?"

Wenn Sie diese Frage mit Ja beantworten, sollten Sie Folgendes bedenken:

Um dem Versorgungsamt zu ermöglichen „Aktenvorgänge einschließlich Untersuchungsunterlagen ... auch soweit sie von anderen Ärzten oder Stellen erstellt sind" einzusehen, sollten Sie die Anschrift des Sozialversicherungsträgers, die Versicherungsnummer, die begutachtende Stelle und den Tag der Begutachtung anzeigen. In diesem Zusammenhang wird erneut auf die Gesichtspunkte zum Datenschutz und zum Schutz der Privatsphäre wie unter Punkt II/3 hingewiesen.

Punkt II/6: „Erhalten Sie Pflegegeld oder haben Sie einen entsprechenden Antrag gestellt?"

Wenn Sie diese Frage mit Ja beantworten, sollten Sie Folgendes bedenken:

Das Versorgungsamt wird die betreffenden Unterlagen wie unter Punkt II/3 – II/5, diesmal aber vom Sozialversicherungsträger (Pflegekasse/Krankenkasse), hinzuziehen.

Bezüglich des Datenschutzes lesen Sie bitte die vorangegangenen Ausführungen.

Punkt II/7: Soll der Schwerbehindertenausweis die Behinderungen ab Datum der Antragstellung oder ab einem früheren Datum nachweisen?

Die Antwort auf diese Frage ist für Sie sehr wichtig. Wenn Sie einen Hirninsult (Gehirnschlag) mit bleibenden Lähmungen erlitten haben, gilt die Anerkennung der Behinderung vom Tag des Insultes an und nicht ab dem Tag, an dem Sie Ihren Antrag gestellt haben. Dies trifft auch für den Verlust des Augenlichts oder die Amputation eines Beines etc. zu.

Der Zeitpunkt des Ereignisses der Behinderung muss nachweisbar sein. Dies ist zum Beispiel nicht möglich bei chronischen Erkrankungen wie Arthrose von Gelenken, Bronchialasthma, Leberzirrhose etc. Ausnahme: Sie können beispielsweise mittels Lungenfunktionswerten nachweisen, dass bereits früher Asthma (Datum angeben) mit den gleichen Einschränkungen der Atemfunktion wie heute bestand.

Das Versorgungsamt ist am genauen Zeitpunkt des Eintritts der Behinderung auch deshalb interessiert, um dadurch die Intensität der Behinderung abzuschätzen. Sie sind aber nicht verpflichtet, diese Angabe zu machen und können auch wahrheitsgemäß angeben, dass Sie dies nicht mehr wissen.

Hat sich das vom Versorgungsamt anerkannte Leiden verschlimmert bzw. ist ein neues Leiden hinzugekommen, besteht die Möglichkeit, beim Versorgungsamt einen Neufeststellungsantrag zu stellen. Hier ist der entsprechende Vordruck des Versorgungsamts zu benutzen.

Wenn Sie keinen Schwerbehindertenausweis benötigen, kreuzen Sie die entsprechende Rubrik an. Dies wird aber nur in seltenen Ausnahmefällen vorkommen.

Mit der Unterzeichnung des Antrags auf Anerkennung der Eigenschaft als Schwerbehinderter durch den Antragsteller, dessen Bevollmächtigten oder Vertreter ist eine Mitwirkungspflicht nach § 60 SGB I entstanden. Die Unterschrift bedeutet gleichzeitig das ausdrückliche Einverständnis zur Entbindung der mitwirkenden Ärzte, Krankenhäuser, Kur- und Heilanstalten und Behörden von der Schweigepflicht.

Beachten Sie zu den Mitwirkungspflichten die vorangegangenen Ausführungen.

Antrag auf Neubewertung

Der behinderte Antragsteller kann bei einer Verschlechterung seines Gesundheitszustands bzw. der Behinderung eine Neubewertung beantragen. Er muss dies nach den Vorschriften über die Mitwirkungspflichten sogar tun, wenn die Behinderung zum Beispiel nicht mehr besteht bzw. nur noch in geringem Umfang vorhanden ist.

Antrag auf Neubewertung

Er ist also verpflichtet, Änderungen in seinem Krankheits- und Behinderungszustand dem Versorgungsamt zu melden und eine Neubewertung zu beantragen. In diesem Sinne wird ständig eine große Zahl von Änderungsanträgen in den Versorgungsämtern bearbeitet.

Aber auch von Amts wegen prüft das Versorgungsamt, ob in den medizinischen oder sozialrechtlichen Voraussetzungen, die zu der ursprünglichen Entscheidung über Schädigungsfolgen oder Nachteilsausgleiche führten, eine wesentliche Änderung eingetreten ist. Die Anhaltspunkte für die ärztliche Gutachtertätigkeit (siehe Kapitel 7) fordern hier eine Neubewertung, wenn „der veränderte Gesundheitszustand mehr als sechs Monate angehalten hat oder voraussichtlich anhalten wird und die Änderung des GdB wenigstens 10 beträgt".

Wesentliche Änderungen als Grund für einen Neufeststellungsantrag müssen Sie benennen, zum Beispiel:

- Verschlimmerung eines bereits geltend gemachten Leidens (eine arterielle Verschlusskrankheit von Stadium II auf Stadium IV verschlechtert)

- es sind Komplikationen einer Krankheit aufgetreten (z. B. periphere Polyneuropathie bei Zuckerkrankheit)

- eine neue Erkrankung bzw. neue Behinderung ist hinzugekommen (z. B. Herzminderleistung, Gehirnschlag, Tumorkrankheit, bisher war nur ein Wirbelsäulenschaden anerkannt)

- Antrag auf Vergabe von Merkzeichen (z. B. Gehbehinderung)

Die zur Begründung des Antrags aufgeführten gesundheitlichen Änderungen müssen gegenüber der Vorbewertung eine wesentliche Verschlimmerung darstellen. Die wesentliche Verschlimmerung bedeutet eine nachweisbare Zunahme der bestehenden Funktionsbehinderungen gegenüber der Vorbewertung. Der Nachweis muss durch aktuelle Untersuchungsbefunde erbracht werden.

Das Ergebnis der Neubewertung der Schwerbehinderteneigenschaft kann darin bestehen, dass ein Einzel- und ggf. der Gesamt-

GdB herauf- oder herabgesetzt wird und/oder Merkzeichen an- oder aberkannt werden.

Der Bescheid über die Anerkennung der Schwerbehinderteneigenschaft ist als Verwaltungsakt mit Dauerwirkung im Sinne des § 48 SGB X anzusehen. Hier wird auch bestimmt, dass ein solcher Verwaltungsakt für die Zukunft aufzuheben ist, wenn in den tatsächlichen oder rechtlichen Verhältnissen, die beim Erlass eines Verwaltungsaktes mit Dauerwirkung vorgelegen haben, eine wesentliche Änderung eintritt.

Der Verwaltungsakt soll mit Wirkung für die Zukunft vom Zeitpunkt der Änderung der Verhältnisse an aufgehoben werden, soweit

- die Änderung zugunsten des Betroffenen erfolgt (z. B. Heraufsetzung des GdB),
- der Betroffene seiner Pflicht zur Mitteilung wesentlicher für ihn nachteiliger Änderungen der Verhältnisse vorsätzlich oder grob fahrlässig nicht nachgekommen ist,
- der Betroffene wusste oder nicht wusste – weil er die erforderliche Sorgfalt in besonders schwerem Maße verletzt hat –, dass der sich aus dem Verwaltungsakt ergebende Anspruch kraft Gesetzes ganz oder teilweise zum Ruhen gekommen ist.

Im Zusammenhang mit der Anerkennung der Schwerbehinderteneigenschaft spielt der letzte Punkt keine besondere Rolle. Das gilt natürlich auch für den weiteren in § 48 SGB X angegebenen Anhebungsgrund: Nach Antragstellung oder Erlass des Verwaltungsaktes wird Einkommen oder Vermögen erzielt, das zum Wegfall oder zur Minderung des Anspruchs geführt haben würde.

Die Feststellung der Schwerbehinderteneigenschaft ist von Einkommen oder Vermögen unabhängig.

Haben Sie einen Änderungsantrag gestellt, führt das Versorgungsamt das Verfahren von Amts wegen. Der Antragsteller erhält einen Brief des Versorgungsamts mit dem Erhebungsbogen „Neufeststellung nach dem Sozialgesetzbuch Neuntes Buch (SGB IX)".

Antrag auf Neubewertung

Darin steht wörtlich:

> **Muster: Erhebungsbogen**
>
> Sehr geehrte(r) Antragsteller(in),
> Sie beantragen
>
> ☐ die Erhöhung des Grades der Behinderung (GdB) wegen Verschlimmerung der bisher berücksichtigten Gesundheitsstörung – neu aufgetretene Gesundheitsstörungen.
>
> ☐ die Feststellung weiterer gesundheitlicher Merkmale für die Inanspruchnahme von Nachteilsausgleichen.
>
> ☐ die Verlängerung des bisherigen – die Ausstellung eines neuen – Ausweises.
>
> - Ihre behandelnden Ärzte werden um die Zusendung von aktuellen Untersuchungsunterlagen sowie eines Befundscheines gebeten.
> - Es erfolgt eine Begutachtung der aktuellen Krankheitssituation und des GdB im Vergleich zur Vorbewertung.
> - Das Ergebnis der Nachprüfung wird in einem Feststellungsbescheid abgefasst.
> - Im Bescheid des Versorgungsamts wird der Betroffene über eventuelle Änderungen der Schwerbehinderteneigenschaften und der Merkzeichen informiert. Diese möglichen Änderungen sind:
>   - Heraufsetzung oder Beibehaltung der Gesamt-GdB
>   - Anerkennung von zusätzlichen Merkzeichen
> - Eine Rechtsmittelbelehrung schließt den Bescheid ab.
> - Der Ausweis wird gemäß dem neuen Feststellungsbescheid geändert.

Zu beachten ist in diesem Zusammenhang auch die Nachprüfung der Feststellung der Schwerbehinderteneigenschaft durch das Versorgungsamt. Wann diese Nachprüfung erfolgt, wird in der Regel bereits durch den ärztlichen Gutachter festgelegt (siehe auch Kapitel 4).

Bearbeitung des Schwerbehindertenantrags

Grundsätze	90
Bewertungsempfehlung	92
Dauer des Verfahrens	94
Nachprüfung von Amts wegen...............................	94

Grundsätze

Der Antrag auf Anerkennung der Schwerbehinderteneigenschaft wird nach § 69 SGB IX bei dem für Ihren Wohnort zuständigen Versorgungsamt eingereicht. Er beinhaltet die geltend gemachten Gesundheitsschäden und die dazugehörigen Angaben der behandelnden Ärzte bzw. Fundorte von Untersuchungsbefunden.

Das Anerkennungsverfahren besteht aus:

- verwaltungsseitigen Ermittlungen
- ärztlicher Begutachtung
- Feststellung des Grads der Behinderung
- Erlassen eines behördlichen Bescheids über die Feststellung des Grads der Behinderung und der Merkmale für die Inanspruchnahme von Nachteilsausgleichen
- Ausstellung eines Ausweises

Die verwaltungsseitigen Ermittlungen erfolgen von Amts wegen nach § 20 SGB X. Hierzu gehören die Bereitstellung von:

- eventuell vorliegenden Vorgängen im Versorgungsamt (BVG-Akte)
- Berichten von Ärzten
- Gutachten im Bereich der Sozialversicherung, der Arbeitsverwaltung oder solche, die für Gerichte erstellt wurden
- Unterlagen von Krankenhäusern, Kurkliniken, Rehabilitationseinrichtungen, Schulen oder Werkstätten für Behinderte etc.
- Unterlagen über Vorgänge bei Gesundheitsämtern, Fürsorgestellen, beim medizinischen Dienst der Krankenversicherungsträger oder personal- bzw. betriebsärztlichen Dienststellen etc.
- Krankenkassenauszügen

Die Verwaltung prüft, ob die Anträge sorgfältig ausgefüllt wurden. Falls notwendig, werden bereits im Vorfeld Nachfragen gestellt. Insbesondere wird registriert, ob der Antragsteller schon für ein bestimmtes früheres Datum um Anerkennung seiner Gesundheitsschäden ersucht und dies glaubhaft mit Befunden begründet hat. Hierzu ist zu vermerken: „Die Schwerbehinderten-

Grundsätze

eigenschaft wird kraft Gesetz, das heißt bereits mit dem Eintritt der Behinderung und nicht erst mit deren Feststellung durch das Versorgungsamt erworben." Weiterhin prüft die Verwaltung, ob im Antrag ein bestimmter Nachteilsausgleich gewünscht wird.

In Abschnitt 3 des Antrags steht: „Sofern und soweit die beigefügten Unterlagen nicht ausreichend sind, erkläre ich mich hiermit einverstanden, dass das Versorgungsamt in diesem Verwaltungsverfahren und einem eventuell sich anschließenden Vorverfahren von folgenden Ärzten, Krankenhäusern und Kuranstalten/Heilstätten

- Befundberichte,
- Krankenpapiere,
- Aufzeichnungen,
- Krankengeschichten,
- Untersuchungsbefunde und
- Röntgenbilder

bezieht, auch soweit sie von anderen Ärzten oder Stellen erstellt sind. Ich entbinde die beteiligten Ärzte insoweit ausdrücklich von der Schweigepflicht."

Die behandelnden Ärzte werden im Rahmen der amtlichen Aufklärung der Sachlage aufgefordert, für das Versorgungsamt einen Befundschein über Ihre Gesundheitsstörungen auszustellen.

In der Anforderung an die Ärzte wird darauf hingewiesen, dass die Angaben der Diagnosen alleine nicht ausreichen, sondern zusätzlich eine eingehende Beschreibung der aktuell vorliegenden Funktionsbehinderungen ihres Patienten zur Begutachtung der Schwerbehinderteneigenschaft erforderlich ist.

Für die behandelnden Ärzte ebenso wie für Antragsteller besteht Mitwirkungspflicht. Im Rahmen der Sachaufklärung der Verwaltung werden alle geltend gemachten (selbst geringfügige) und auch nicht geltend gemachten Gesundheitsstörungen geprüft. Von den zur Einsicht eingesandten Unterlagen werden Kopien angefertigt und in der Akte abgelegt. Die Verwaltung achtet sorgfältig auf die Einhaltung der ärztlichen Schweigepflicht und die datenschutzrechtlichen Vorschriften. In dringenden Fällen (z. B. Anträge von Schwerkranken oder Kündigungsschutzfälle) wird eine bevorzugte Begutachtung angestrebt.

Der Akteninhalt kann bereits im Vorfeld die Notwendigkeit eines Fachgutachtens ergeben. Durch die beschriebenen Vorbereitungsarbeiten der Verwaltung wird gesichert, dass die Unterlagen für die ärztliche Aktenbegutachtung in überzeugender Weise ein ausreichendes Bild von Art und Ausmaß aller geltend gemachten Gesundheitsstörungen vermitteln.

Der Antragsteller kann der Zuleitung des Antrags an einen Außengutachter widersprechen.

Das Gleiche gilt auch für ein Aktengutachten. Hier kann eine gutachterliche (körperliche) Untersuchung verlangt werden. Allerdings entscheidet in einem solchen Fall das Versorgungsamt, welche Art von Gutachten tatsächlich durchgeführt wird. Ein Rechtsanspruch auf versorgungsamtsärztliche Untersuchung besteht allerdings nicht.

Im Bescheid, mit dem die körperliche Untersuchung abgelehnt wird, ist dies natürlich zu begründen. Die Gründe können insbesondere darin bestehen, dass andere ärztliche Gutachten vorliegen, die anlässlich körperlicher Untersuchungen gemacht wurden und deren Anfertigung noch nicht lange zurückliegt. Diese Gutachten müssen die Fragen behandeln, die für die Feststellung der Schwerbehinderteneigenschaft wichtig sind.

Nach der Aufbereitung der Unterlagen durch das Versorgungsamt wird die Akte dem ärztlichen Gutachter vorgelegt (siehe Kapitel 2).

Bewertungsempfehlung

Die vom ärztlichen Gutachter vorgelegte Bewertungsempfehlung beinhaltet:

- den festgestellten Einzel-GdB einer jeden geltend gemachten oder ermittelten Gesundheitsstörung

- einen Vermerk über ärztliche Unterlagen, auf welche sich die Feststellung des Einzel-GdB stützt

Bewertungsempfehlung

- den berechneten Gesamt-GdB

- geltend gemachte Gesundheitsstörungen, die weniger als einen Einzel-GdB von 10 betragen und somit in die Berechnung des Gesamt-GdB nicht eingegangen sind

- Feststellungen für Nachteilsausgleiche mit Beginn der Gültigkeit

- Angaben zu dauernden Einbußen der körperlichen Beweglichkeit

- den Zeitpunkt, ab dem der festgestellte GdB als nachgewiesen angesehen werden kann

- die Feststellung, ob und wann eine Nachprüfung erforderlich ist

- Begründungen, wenn geltend gemachten Gesundheitsstörungen nicht entsprochen werden konnte (z. B. wegen fehlender ärztlicher Befunde)

- eine Begründung bei Nichtzustimmung einer früheren Bewertung

- die Ablehnung von Akten- und/oder Teilakteneinsicht

Bezüglich des GdB wird auf die Ausführungen in Kapitel 5 verwiesen.

Hinsichtlich des letzten Punkts ist zu beachten, dass es Sache des Versorgungsamts ist, die Durchsetzung von Akteneinsichten zu erreichen.

Zur Sicherung des Anrechts eines jeden Antragstellers auf einheitliche Anwendung der maßgeblichen gesetzlichen Vorschriften findet immer eine Überprüfung des erstellten Gutachtens durch den leitenden Arzt des Versorgungsamts statt. Vor allem achtet der Prüfarzt darauf, ob alle geltend gemachten Gesundheitsstörungen im Gutachten erfasst wurden.

Das ärztliche Sachverständigengutachten dient nun der Versorgungsverwaltung als wesentliche, jedoch nicht einzige Grundlage zur Entscheidung über die Anerkennung der Schwerbeschädigteneigenschaft des Antragstellers.

Die Entscheidung erhält der Antragsteller in einem Feststellungsbescheid (siehe auch Kapitel 5).

Dauer des Verfahrens

Gute Arbeit braucht Zeit. Dies gilt auch für die ärztliche Begutachtung, zumal der begutachtende Arzt im Falle eines Aktengutachtens ohne persönlichen Kontakt bzw. Eindruck über Ihre Behinderungen entscheiden muss.

Selbstverständlich bemüht sich das Versorgungsamt, darauf zu achten, dass dringende Fälle rasch bearbeitet werden. Über die Dringlichkeit muss es allerdings von Ihnen erst verständigt werden. Eine schnelle Bearbeitung Ihres Antrags hängt auch davon ab, ob Sie bzw. Ihre behandelnden Ärzte zu den von Ihnen geltend gemachten Gesundheitsstörungen alle einschlägigen Befunde zur Verfügung stellen, ob die vorgelegten Befunde neueren Datums sind und ob diese Befunde die bei Ihnen vorliegenden Funktionsstörungen eindeutig beinhalten.

Die Beachtung dieser Bedingungen kann die Bearbeitung Ihres Antrags erheblich beschleunigen. Darauf weist das Versorgungsamt im Antragsformular ausdrücklich hin.

Nachprüfung von Amts wegen

Eine Nachprüfung von Amts wegen ist deshalb gerechtfertigt, weil die Feststellung der Schwerbehinderung zu sozialen Nachteilsausgleichsansprüchen führt (siehe auch Kapitel 6). Die Voraussetzungen für diese Ansprüche werden zwar vom Versorgungsamt festgestellt, jedoch wird das Geld hierfür solidarisch von allen Lohn- und Einkommensteuerzahlern erwirtschaftet bzw. erarbeitet.

Die Nachprüfung eines gewährten Nachteilsausgleichs ist somit als eine im Alltag praktizierte soziale Gerechtigkeit zu erachten. Sie betrifft die Höhe der Bemessung des Grads der vom Versorgungsamt bereits anerkannten Behinderung.

Das Ergebnis der Nachprüfung wirkt sich auch auf die Gesamtbewertung der Schwerbehinderteneigenschaft sowie die Vergabe von Merkzeichen aus. Es kann bei einer wesentlichen Besserung des Leidens der GdB nach unten, bei einer Verschlimmerung nach oben korrigiert werden.

Es gehört mit zur Aufgabe des Gutachters, bei jeder geltend gemachten Gesundheitsstörung abzuschätzen, ob, und wenn ja, nach wie vielen Jahren eine Nachprüfung stattfinden soll.

Bei dem überwiegend größten Teil der geltend gemachten Gesundheitsstörungen handelt es sich um chronisch fortschreitende Erkrankungen, das heißt mit einer Änderung oder Besserung ist nicht zu rechnen. In solchen Fällen ist von einer Nachprüfung abzusehen.

Die Heilungsbewährung (z. B. bei bösartigen Tumorkrankheiten, Gehirninsult, Erkrankungen bei Kindern) zieht immer eine Nachprüfung nach sich (siehe auch Kapitel 5).

Ablauf der Nachprüfung

- Das Versorgungsamt ermittelt von Amts wegen. Sie erhalten darüber einen Bescheid des Versorgungsamts sowie den Erhebungsbogen „Neufeststellung nach dem Sozialgesetzbuch Neuntes Buch (SGB IX)":

  „Sehr geehrte(r) Antragsteller(in),
  es ist nachzuprüfen, ob in den Verhältnissen, die für die letzte Feststellung nach dem SGB IX maßgebend gewesen sind, eine wesentliche Änderung eingetreten ist."

- Ihre behandelnden Ärzte werden um die Zusendung von aktuellen Untersuchungsunterlagen sowie eines Befundscheins gebeten.

- Es erfolgt eine Begutachtung der aktuellen Krankheitssituation und des GdB im Vergleich zur Vorbewertung. Beispiel: Hat sich Ihre Krankheitssituation und Ihre Behinderung fünf Jahre nach der Tumoroperation und Nachbestrahlung gebessert oder sind Rezidivtumore (Tumorneubildung nach Abheilung der Tumorkrankheit durch Operation oder Bestrahlung) bzw. Metastasen aufgetreten? Haben sich die Lähmungserscheinungen nach dem Gehirninsult vor zwei Jahren zurückgebildet?

Bearbeitung des Schwerbehindertenantrags

- Das Ergebnis der Nachprüfung wird in einem Feststellungsbescheid abgefasst.
- Im Bescheid des Versorgungsamts wird der Betroffene über eventuelle Änderungen der Schwerbehinderteneigenschaften und der Merkzeichen informiert. Diese Änderungen sind:
  - Heraufsetzung, Beibehaltung oder Herabsetzung des Gesamt-GdB
  - An- oder Aberkennung von Merkzeichen.
- Eine Rechtsmittelbelehrung schließt den Bescheid ab.
- Der Ausweis wird gemäß dem neuen Feststellungsbescheid geändert.

Der Ausweis: GdB und Vergabe von Merkzeichen

Prozente für die einzelnen Funktionsstörungen	98
Der Gesamt-GdB	111
Vergabe von Merkzeichen	112
Der Ausweis: Ausstellung, Gültigkeitsdauer, Änderung, Einziehung, Verlust	128
Das Widerspruchsverfahren	130
Der gerichtliche Weg	134

Prozente für die einzelnen Funktionsstörungen

Das örtliche Versorgungsamt wird die Auswirkung der Funktionsbeeinträchtigung Ihrer geltend gemachten bzw. von Amts wegen ermittelten Gesundheitsstörungen als Grad der Behinderung (GdB) – nach Zehnergraden abgestuft – von 10 bis 100 feststellen. Unterhalb von GdB 10 gilt eine Gesundheitsstörung nicht als Behinderung.

In diesem Zusammenhang ist die Versorgungsmedizin-Verordnung (VersMedV) vom 10.12.2008 (BGBl. I S. 2412) zu beachten. Diese Verordnung beruht auf einer in § 30 Abs. 17 BVG enthaltenen Ermächtigung für das Bundesministerium für Arbeit und Soziales. Die Verordnung ist im Einvernehmen mit dem Bundesministerium der Verteidigung und mit Zustimmung des Bundesrats ergangen. Sie regelt die Grundsätze für die medizinische Bewertung von Schädigungsfolgen und die Feststellung des Grads der Schädigungsfolgen im Sinne des § 30 Abs. 1 BVG. Die Verordnung wurde zuletzt durch die Fünfte Verordnung zur Änderung der Versorgungsmedizin-Verordnung vom 11.10.2012 (BGBl. I S. 2122) geändert.

Eigentlich handelt es sich hier lediglich um Rechtsverhältnisse des Kriegsopferrechts (Bundesversorgungsrecht). § 69 Abs. 1 SGB IX bestimmt aber ausdrücklich, dass die Maßstäbe des § 30 Abs. 1 BVG und der aufgrund des § 30 Abs. 17 BVG erlassenen Rechtsverordnung entsprechend gelten. Ab 01.01.2018 ist hier § 152 SGB IX maßgebend (Änderung durch das Bundesteilhabegesetz). Das bedeutet, dass im Schwerbehindertenrecht auch die „Versorgungsmedizinischen Grundsätze" anwendbar sind. In § 2 VersMedV heißt es, dass in der Anlage zur Versorgungsmedizin-Verordnung Grundsätze und Kriterien für die medizinische Bewertung von Schädigungsfolgen festgelegt sind. Die Anlage wird auf der Grundlage des aktuellen Stands der medizinischen Wissenschaft unter Anwendung der Grundsätze der evidenzbasierten Medizin erstellt und fortentwickelt.

§ 3 VersMedV bestimmt, dass beim Bundesarbeitsministerium ein unabhängiger „Ärztlicher Sachverständigenbeirat Versorgungsmedizin" gebildet wird. Dieser Beirat berät das Bundesministerium für Arbeit und Soziales in allen versorgungsärztlichen

Angelegenheiten und bereitet die Fortentwicklung der Anlage entsprechend dem aktuellen Stand der medizinischen Wissenschaft und versorgungsmedizinischer Erfordernisse vor.

In einer Vorbemerkung zu den Grundsätzen wird ausgeführt, dass dann, wenn mit dem Grad der Behinderung (GdB) und dem Grad der Schädigungsfolgen (GdS) das Maß für die Beeinträchtigung der Teilhabe am Leben in der Gemeinschaft gemeint ist, einheitlich die Abkürzung GdS benutzt wird.

Die zu bewertenden Gesundheitsstörungen sind von den pathologischen Veränderungen und von den individuellen Gegebenheiten her sehr unterschiedlich. Die Würdigung der einzelnen Funktionsstörungen muss trotzdem in realistischer Relation zu dem Ausmaß der Behinderung stehen. Wenn für eine Unterschenkelamputation ein Einzel-GdB 50 angesetzt wird, kann eine Nierenkolik oder ein Bandscheibenvorfall trotz Schmerzzuständen nicht gleich hoch bewertet werden.

In den „Versorgungsmedizinischen Grundsätzen" heißt es, dass der GdS eine nicht nur vorübergehende und damit eine über einen Zeitraum von mehr als sechs Monaten sich erstreckende Gesundheitsstörung voraussetzt. Dementsprechend ist bei abklingenden Gesundheitsstörungen der Wert festzusetzen, der dem über sechs Monate hinaus verbliebenen – oder voraussichtlich verbleibenden – Schaden entspricht.

Schwankungen im Gesundheitszustand bei längerem Leidensverlauf sind mit einem Durchschnittswert Rechnung zu tragen.

Das bedeutet: Ist der Verlauf eines Leidens von sich wiederholenden Besserungen und Verschlechterungen des Gesundheitszustands geprägt, können die zeitweiligen Verschlechterungen – aufgrund der anhaltenden Auswirkungen auf die gesamte Lebensführung – nicht als vorübergehende Gesundheitsstörung betrachtet werden. Beispiele sind chronische Bronchitis, Hautkrankheiten, Anfallsleiden.

In solchen Fällen muss bei der GdB- und GdS-Beurteilung von dem „durchschnittlichen" Ausmaß der Beeinträchtigung ausgegangen werden.

Der Ausweis

Stirbt ein Antragsteller oder eine Antragstellerin innerhalb von sechs Monaten nach Eintritt einer Gesundheitsstörung, so ist für diese Gesundheitsstörung der GdS anzusetzen, der nach ärztlicher Erfahrung nach Ablauf von sechs Monaten nach Eintritt der Gesundheitsstörung zu erwarten gewesen wäre.

Fallen Eintritt der Gesundheitsstörung und Tod jedoch zusammen, kann ein GdS nicht angenommen werden. Eintritt der Gesundheitsstörung und Tod fallen auch dann zusammen, wenn die Gesundheitsstörung in so rascher Entwicklung zum Tode führt, dass der Eintritt der Gesundheitsstörung und des Todes einen untrennbaren Vorgang darstellen.

Wichtig: Gesundheitsstörungen, die erst in der Zukunft zu erwarten sind, sind beim GdS nicht zu berücksichtigen. Die Notwendigkeit des Abwartens einer Heilungsbewährung stellt eine andere Situation dar. Während der Zeit dieser Heilungsbewährung ist ein höherer GdS gerechtfertigt, als er sich aus dem festgestellten Schaden ergibt.

Die „Versorgungsmedizinischen Grundsätze" führen detaillierte Bewertungsrichtlinien im Sinne der beschriebenen und dargelegten Beispiele für folgende Organsysteme auf:

- Kopf und Gesicht
- Nervensystem und Psyche
- Sehorgan
- Hör- und Gleichgewichtsorgan
- Nase
- Mundhöhle, Rachenraum und obere Luftwege
- Brustkorb, tiefere Atemwege und Lungen
- Herz und Kreislauf
- Verdauungsorgane
- Brüche (Hernien)
- Harnorgane
- Geschlechtsorgane

- Stoffwechsel, Innere Sekretion
- Blut, blutbildende Organe, Immunsystem
- Haut
- Haltungs- und Bewegungsorgane, rheumatische Krankheiten

Der Gesetzgeber betont unter „Allgemeine Hinweise zur GdS-Tabelle" der „Grundsätze", dass die Vorgaben zur Bewertung der Funktionseinschränkungen als Anhaltswerte betrachtet werden sollten, um der Besonderheit des Einzelfalls Rechnung tragen zu können: „Es ist unerlässlich, alle leistungsmindernden Störungen auf körperlichem, geistigem und seelischem Gebiet in jedem Einzelfall zu berücksichtigen."

Die „Grundsätze" beinhalten zur Bewertungsvorgabe nicht alle Erkrankungen. Für solche, die nicht aufgeführt sind, „ist der GdS-Grad in Analogie mit vergleichbaren Gesundheitsstörungen zu beurteilen".

Ein solches Vorgehen ist plausibel, realistisch und rationell, weil es im Wesentlichen um die Funktionsbehinderungen von Gesundheitsstörungen und nicht um die Gesundheitsstörungen selbst geht.

Ein Kommentar zur gutachterlichen Bewertung aller Gesundheitsschäden würde den Rahmen dieses Buches sprengen. Deshalb sollen nur solche beispielhaft behandelt werden, die in den Anträgen häufig problematisch dargestellt erscheinen.

Das Bundesteilhabegesetz (BTHG) hat mit Wirkung ab 30.12.2016 in § 69 Abs. 1 SGB IX klargestellt, dass der Grad der Behinderung festgelegt wird, der zum Zeitpunkt der Antragstellung gilt. Auf Antrag kann allerdings festgestellt werden, dass ein Grad der Behinderung oder gesundheitliche Merkmale bereits zu einem früheren Zeitpunkt vorgelegen haben. Voraussetzung ist, dass dafür ein besonderes Interesse glaubhaft gemacht wird.

Gesundheitsschaden am Bewegungs- und Stützapparat

Der überwiegende Teil der geltend gemachten Gesundheitsschäden bezieht sich auf Erkrankungen am Bewegungs- und Stützapparat, vorwiegend Gelenkarthrosen und Wirbelsäulenschäden.

Der Ausweis

Die Ursprünge der genannten Leiden reichen von angeborenen Fehlentwicklungen über Unfallfolgen und berufsbedingte Belastungsschäden bis zur Folgeerscheinung von Übergewicht, Bewegungsmangel und Fehlernährung.

Man geht wegen Schmerzen und Einschränkung der Beweglichkeit zum Hausarzt oder direkt zum Orthopäden. Abnützungserscheinungen, Arthrosen und Bandscheibenschaden lautet die überwiegende Zahl der Diagnosen, die dem Gutachter des Versorgungsamts vorgelegt werden.

Der orthopädisch-fachärztliche Befund für das Versorgungsamt sollte die Messwerte zur Bewegungseinschränkung in den betreffenden Gelenken oder in verschiedenen Abschnitten der Wirbelsäule beinhalten, sich ggf. zur Gehfähigkeit detailliert äußern sowie Haltungsschäden beschreiben.

Maßgeblich ist zum Beispiel, ob die Bandscheibe eine oder mehrere Protrusionen (Vorwölbungen) bzw. Bandscheibenprolaps zeigt. Sind die Wurzeln peripherer Nerven komprimiert, Wirbelkörper deformiert, gar eingebrochen etc.?

Es ist möglich, dass Ihre „rheumatischen Schmerzen" durch Osteoporose (Knochengewebeschwund) verursacht werden, weil Sie an einer Kalziumstoffwechselstörung leiden, oder weil die Gelenke von Gicht befallen sind.

Gelegentlich müssen auch Internisten, Rheumatologen, Neurologen und Radiologen mitwirken, wenn die Routinediagnostik ohne Ergebnis bleibt und um den Patienten zu helfen, wenn Fragestellungen, zum Beispiel nach einer entzündlich rheumatischen Erkrankung (z. B. Arthritis, PcP), systemischen Bindegewebserkrankung (z. B. Kollagenose), sogenanntem Weichteilrheumatismus (Fibromyalgiesyndrom), entzündlichen Knochenmarkserkrankungen (z. B. Periostitis, Osteomyelitis), neuromuskulären Erkrankungen oder Tumorleiden nachgegangen werden muss.

Bei der Begutachtung wegen Schwerbehinderteneigenschaft kommt es auf Art und Ausmaß der dauerhaften Funktionsbehinderungen durch die vorliegenden pathologischen Veränderungen an. Sie müssen für den Gutachter aus den Untersuchungsbefunden der oben erwähnten Fachärzte zu entnehmen sein.

Prozente für die einzelnen Funktionsstörungen

Falsch ist die allgemein verbreitete Annahme, dass beispielsweise ein röntgenologischer Nachweis degenerativer Gelenk- oder Wirbelsäulenveränderungen die Anerkennung einer Behinderteneigenschaft rechtfertigt. In diesem Sinne wird in vielen Anträgen die Geltendmachung von „Wirbelsäulenschmerzen" mit einem Röntgenbefund beispielsweise über Randwulstungen in der Deckplatte eines Wirbelkörpers begründet.

Alleine die Tatsache, dass Sie operiert wurden (z. B. wegen Knochenbruch, Meniskus, Bandscheiben, Sehnenverkürzung), bedeutet keine Behinderung. Die nach der Operation eventuell zurückgebliebene Funktionseinschränkung sollte jedoch geltend gemacht und mit entsprechenden Untersuchungsbefunden belegt werden.

Eine schematisch formulierte hausärztliche Stellungnahme über „starke Wirbelsäulenschmerzen" oder die Bewegungseinschränkung eines Gelenks ohne Angaben zum Ausmaß der vorliegenden Bewegungseinschränkung vermittelt dem Gutachter kein genaues Bild Ihrer Behinderung.

Außergewöhnliche Schmerzzustände wie Phantomschmerz nach einer Amputation werden bei der Begutachtung, wenn sie geltend gemacht und mit Befunden gesondert belegt sind, extra berücksichtigt.

Dies gilt ebenso für Auswirkungen von Erkrankungen am Bewegungs- und Stützapparat auf andere Organfunktionen. So sollten Sie etwa bei Morbus Bechterew (chronisch-rheumatische entzündliche Wirbelsäulenerkrankung) als Antragsteller und vor allem Betroffener darauf achten, dass der Gutachter unaufgefordert erfährt, ob Ihre Lungenfunktion eingeschränkt ist.

Die beschriebenen Komplikationen und Begleiterscheinungen sind aber auch auf die Nebenwirkungen aggressiver Behandlungsmethoden wie Immunsuppressiva (Abwehrreaktionen des Körpers unterbindende Medikamente) und Zytostatika (Zellwachstum hemmende Medikamente), die mit zusätzlichen Funktionseinbußen einhergehen, zurückzuführen und werden gesondert gewürdigt.

Der Ausweis

Gesundheitsschäden des Herz- und Gefäßsystems

Dem Schlaganfall gebührt besondere Beachtung. Er beruht auf einem Funktionsausfall bestimmter Gehirnareale durch Gefäßverschluss einer Hirnarterie oder Massenblutung im Schädel. Betroffen sind überwiegend ältere Patienten mit kardiovaskulären Multirisiken (Mehrfachrisiken für Herz-Gefäßerkrankungen), aber auch jüngere Patienten (z. B. mit Hochdruckkrankheit).

Der Antrag auf Anerkennung der Schwerbehinderteneigenschaft wird im Allgemeinen kurz nach dem Schlaganfall mit Geltendmachung von „Schlaganfall mit Halbseitenlähmung" gestellt, unter anderem wegen gravierender Ausfälle der Geh- und Greiffunktion oder der mangelnden Bewegungsfähigkeit eines Arms oder Beins.

Für den Gutachter ist es oft unverständlich, warum nicht auch die zum Schlaganfall führenden Gesundheitsstörungen wie arterielle Verschlusskrankheit der Halsschlagader, Herzminderleistung, Venenthrombose, Embolie, schwer einstellbare Hochdruckkrankheit etc. geltend gemacht werden. Außerdem kann bei älteren Menschen eine gewissenhafte Diagnostik auch noch anderweitige Funktionsstörungen feststellen.

Speziell bei Schlaganfall sind unter Umständen auch unmittelbare Angehörige zu befragen.

Wichtig: Der gesetzlich versicherte Antragsteller hat einen Anspruch darauf, alle seine Gesundheitsstörungen kassenärztlich untersuchen zu lassen, um diese dann als Schwerbehinderteneigenschaft geltend zu machen.

Über die Bedeutung der diagnostischen Messwerte im Bereich der kardiovaskulären Erkrankungen wurde bereits gesprochen. Eine geleistete Wattzahl zum Beispiel am Fahrradergometer kann natürlich die Behinderung bei einer Kardiomyopathie oder einem bypassoperierten Herzen widerspiegeln.

Die beiden beispielhaft angeführten Gesundheitsschäden sind von einer stets fortschreitenden Verschlechterung gekennzeichnet.

Es bedarf von Seiten des Hausarztes besonderer Sorgfalt, die vorliegenden Funktionseinschränkungen im jeweiligen Krankheitsstadium des Patienten zu schildern, zum Beispiel das Auftreten von Kurzatmigkeit, Ergebnisse eines Belastungstests, das Auftreten von Angina pectoris oder Herzrhythmusstörungen, Schwindelanfällen bei Anstrengungen.

Aus den bisherigen Ausführungen wird ersichtlich, dass die alleinige Bezeichnung von Gesundheitsschäden wie Herz-, Kreislauf-, Venenschwäche, Durchblutungsstörung, Gefäßverkalkungen etc. für die Begründung einer Behinderung ungenügend ist.

Die dazugehörenden Funktionseinschränkungen wie Kollapszustände, Varizen (Krampfadern), Ödeme (Wassereinlagerung im Bindegewebe) oder Ulkus (Geschwürbildung), Claudikatio intermittens (schmerzhafte Gehbehinderung bei arterieller Verschlusskrankheit) sind ebenfalls präzise zu beschreiben.

Selten findet der Gutachter in den Befunden eine Differenzierung der Hochdruckkrankheit, obwohl laut Versorgungsmedizin-Verordnung leichte, mittelschwere, schwere und bösartige (maligne) Formen unterschiedlich bewertet werden können.

Gesundheitsschäden im Bereich der Atmungsorgane

Der überwiegende Anteil der Anträge in diesem Bereich betrifft Asthma bronchiale, spastische Bronchitis (krampfhafte Verengung bestimmter Segmente im Bereich der oberen Luftwege) sowie chronisch wiederkehrende Bronchitis.

Der prozentuale Anteil jener Patienten, die sich in lungenfachärztlicher oder zumindest internistischer Behandlung befinden, ist gering. So vermisst der Gutachter häufig die Lungenfunktionswerte etc., noch seltener bekommt er die Gasaustauschparameter (Sauer- und Kohlenwasserstoffanalyse bei der Lungenfunktionsdiagnostik) in Ruhe und bei Belastung vorgelegt.

Alle diese Untersuchungen bezwecken nicht nur eine angemessene Bewertung der Asthmakrankheit, sondern auch die Feststellung einer dauerhaften Folgeschädigung.

Auffällig ist, dass Verformungen oder Anomalien des Brustkorbs, die sehr häufig die Asthmakrankheit begleiten, kaum geltend gemacht werden. Dies gilt ebenso für die assoziierten Leiden, die bei der klinischen Routineabklärung miterfasst werden. Diese sind

Der Ausweis

Allergien, Erkrankungen der Nasennebenhöhlen, Bronchiektasien und nicht zuletzt psychische Störungen.

Für den Asthmatiker beispielsweise wird als Erstes die Anfallhäufigkeit entsprechend bewertet. Es können zusätzlich eine dauerhafte Einschränkung der Lungenfunktion und auch die oben erwähnten Begleiterkrankungen, abhängig von Art und Ausmaß der Betroffenheit, Berücksichtigung finden.

„Kurzatmigkeit" oder „Luftnot" als Gesundheitsstörung geltend machen zu wollen, zeugt von Gutgläubigkeit gegenüber dem Versorgungsamt, das zur Klärung des Sachverhalts verpflichtet ist. Dies kann nur indirekt geschehen, da die diagnostische Abklärung der Ursache körperlicher Beschwerden Aufgabe der kassenärztlichen (amtlich: vertragsärztlichen) Krankenversorgung ist. Auf die Wichtigkeit einer hausärztlichen Beratung vor Antragstellung wird deshalb nochmals hingewiesen.

5 Gesundheitsschäden im Bereich der Verdauungsorgane

Chronisch wiederkehrende Magenschleimhautentzündungen, Reizmagen, Verdauungsinsuffizienz (unzureichende Verdauung) sind Gesundheitsstörungen, die in den Anträgen zahlreich aufgeführt werden. Vereinzelt liegen hierzu Gastroskopiebefunde vor. Seit der Nachweismöglichkeit von Helico- und Campylobacter (Bakterien, die die Magenschleimhaut befallen) als Ursache hierfür, kann diese Krankheit erfolgreich und kurzfristig behandelt werden. Ähnlich verhält es sich bei Magen- und Zwölffingerdarm-Geschwüren.

Nicht alle Oberbauchbeschwerden betreffen den Magen. Hinter einem nervösen Reizmagen können sich viele Erkrankungen (von Leber, Gallenblase, Bauchspeicheldrüse, Bauchgefäßen, Milz, verschiedenen Darmabschnitten etc.) verbergen. Die abklärenden Untersuchungen zu führen, ist Aufgabe von Internisten und Gastroenterologen.

Die entsprechenden Untersuchungsbefunde zeigen dann die organbezogenen Funktionseinschränkungen auf. Die Befunde geben eine Beschreibung des Allgemein- und Ernährungszustands, der Schmerzzustände, von Koliken, des Unvermögens von Verdauung oder des Resorptionsdefizits bei bestimmter Nahrung, von Fehlfunktionen im Stoffwechsel etc. wieder.

Fettleber bei Adipositas (Fettsucht) stellt ebenso wie die übliche Fettleibigkeit keine Behinderung dar. Dazugehörige Folge- und Begleitschäden jedoch können geltend gemacht werden. Bei den unterschiedlichen Fettstoffwechselstörungen sind nur einige mit schwerwiegenden Folgen behaftet.

Besonderes Augenmerk verdient die Leberzirrhose. Sie kann sowohl infektiösen, stoffwechselbedingten, biliären (galleproduzierende Funktion) und auch toxischen Ursprung haben. Zum Letzteren gehört auch die alkoholische Leberzirrhose. Als Beispiel wird die Leberzirrhose deshalb aufgeführt, weil sie in fortgeschrittenem Stadium mit einer großen Zahl von Komplikationen einhergeht. Diese sind: Ascites (Wasseransammlung in der Bauchhöhle), Speiseröhrenvarizen (Krampfadern in der Speiseröhre) mit Blutungen, hepatische Enzephalopathie (durch eine Lebererkrankung bedingte Gehirnfunktionsstörung), vergrößerte Milz, Blutarmut, Blutgerinnungsstörung etc.

Die Komplikationen bestimmen das Stadium der Krankheit. Sie bedingen je nach Art und Ausmaß die Anerkennung von zusätzlichen Funktionsstörungen.

Ein weiteres Beispiel ist das „Gallensteinleiden". Um es adäquat bewerten zu können, muss der Gutachter über die Häufigkeit der Koliken, der Begleitentzündung und über Intervallbeschwerden Bescheid erhalten. Dies trifft ebenso für chronische Erkrankungen der Bauchspeicheldrüse zu. Die ausschließliche Angabe einer „Verdauungsinsuffizienz" (unzureichende Verdauung) vermittelt dem Gutachter weder Art noch Ausmaß der konkret vorliegenden Behinderung.

Die Ausführungen zu bestimmten Krankheiten und Bemerkungen zur Antragstellung sollen plausibel machen, wie wichtig es für jeden Patienten ist, sich mit seinen behandelnden Ärzten über das Vorhaben bezüglich der Anerkennung einer Schwerbehinderteneigenschaft eingehend zu beraten.

Der Ausweis

Gesundheitsschäden im Bereich der Ausscheidungsorgane

Erkrankungen der Ausscheidungsorgane treten durch Störungen der Filterfunktion der Niere und des Harntransportes auf. Sie bewirken durch das Zurückhalten (Retention) harnpflichtiger Substanzen eine Störung des Mineralienstoffwechsels sowie eine Beeinflussung der Produktion verschiedener Hormone und beeinträchtigen die Funktion anderer Organe (Zentralnervensystem, Herz-Kreislauf-Organe, Skelettsystem). Als Begleitschäden sind zum Beispiel nephrogene Hypertonie, Anämie (Blutarmut), Polyneuropathie und Osteopathie (krankhafte Veränderung der Knochenstrukturen) zu nennen.

Die „Anhaltspunkte" gewähren dem Gutachter für die Bewertung der vorliegenden funktionellen Schäden und Krankheitssymptome einen breiten Spielraum.

Die „Einschränkung der Nierenfunktion" in vielen ärztlichen Stellungnahmen meint wohl die Bezeichnung einer Funktionsstörung. Sie alleine erlaubt dem Gutachter jedoch nicht eine adäquate Würdigung der vorliegenden Behinderung. Auffallend selten liegt ein „Kreatininclearance" (Wert, der die Filterleistung der Niere angibt) als Maßstab für die Ausscheidungsfunktion der Nieren vor. Man vermisst oft Angaben zu Ödemen (Wasseransammlungen) oder zu bereits beschriebenen Folgeleiden.

Die Geltendmachung von „chronischem Harnwegsinfekt", „Blasenentleerungsstörung" oder „Harninkontinenz" wird gutachterlich differenziert bewertet, wenn Informationen zu Art und Ausmaß der Erkrankung vorliegen.

Schmerzen

Dem Schmerz – einem lebenswichtigen Symptom – kommt sehr große Bedeutung zu. Als Betroffener denkt man natürlich mit Grausen an Kopf-, Zahn- oder Gelenkschmerzen, als Herzkranker an Angina pectoris, bei Steinleiden an Gallen- oder Nierenkoliken, an rheumatische Schmerzen, Hexenschuss, Neuralgien oder Tumorschmerzen.

Der Ursache nach unterscheidet man einerseits Schmerzen durch Erregung der Schmerzrezeptoren. Dazu gehören die meisten

Schmerzzustände, einschließlich Schmerzen bei Verletzung und bei der überwiegenden Zahl von Krankheiten. Zum anderen gibt es neuropathische Schmerzen bei Schädigung des Nervensystems selbst und Schmerzen infolge funktioneller Störungen einschließlich psychosomatischer Vorgänge.

In den Bewertungsempfehlungen der „Grundsätze" sind die üblicherweise auftretenden, sogenannten regelhaften Schmerzen inbegriffen. So werden zum Beispiel bei Bandscheibenprolaps die Rückenschmerzen auch dann, wenn sie besonders stark ausfallen, mitberücksichtigt.

In den „Grundsätzen" findet auch das sogenannte chronische Schmerzsyndrom Berücksichtigung, wenn es als Dauerbehinderung sorgfältig begründet wird.

Psychische Begleitschäden

Gesundheit ist für den Wohlstandsbürger eine selbstverständliche Gegebenheit. Ein Unfall, so sagt man, ist überflüssig wie ein Kropf. Krankheit schockiert und – wenn man damit nicht schnell fertig wird – schlägt sie auf's Gemüt. So wird man beispieleweise durch wiederkehrende Magenschmerzen oder anhaltende schmerzhafte Bewegungseinschränkungen der Hüft- oder Kniegelenke depressiv verstimmt, unduldsam und auch aggressiv.

Die diagnostische Feststellung einer unheilbaren Erkrankung – hier stehen gefürchtete bösartige Tumoren im Vordergrund – bedeutet für jeden Patienten einen schweren Schockzustand und Leidensweg, häufig sogar ein psychisches Dauertrauma.

Die „Grundsätze" setzen sich mit der Frage der seelischen Begleiterscheinungen ebenso wie mit den bereits dargestellten Schmerzen auseinander.

Die herkömmliche psychische Belastung (z. B. vorübergehende psychische oder psychovegetative Erschöpfung, reaktive Depression) als Gesundheitsstörung wird in dem jeweiligen vorgegebenen GdB bereits berücksichtigt.

Bei erheblich schweren psychischen Begleiterscheinungen können diese bei den Bewertungen Berücksichtigung finden: „Außergewöhnliche seelische Begleiterscheinungen sind anzunehmen,

Der Ausweis

wenn anhaltende psychoreaktive Störungen in einer solchen Ausprägung vorliegen, dass eine spezielle ärztliche Behandlung dieser Störungen (z. B. eine Psychotherapie) erforderlich ist."

Heilungsbewährung

Dank dem Fortschritt der klinisch-medizinischen Behandlungsmethoden können immer mehr Krankheiten erfolgreich behoben werden. Insbesondere bei der Therapie bösartiger Tumoren, aber auch in der Transplantationsmedizin oder bei der Behandlung von bestimmten Psychosen ist dies nicht der Fall. Der Behandlungserfolg ist bei diesen Erkrankungen nicht mit Sicherheit abzuschätzen. Viele Tumoren neigen – trotz Radikaloperation, Nachbestrahlung und Chemotherapie – zur Rezidivbildung (Rückfall, wiederkehrende/neue Bildung) oder zu Metastasen.

Unmittelbar nach einer Geschwulstoperation ist der Patient besonders gefährdet, mit der Zeit nimmt das Risiko ab. Der Zeitraum des Abwartens einer sogenannten Heilungsbewährung – das heißt kein Auftreten von Rezidivtumor oder Metastase – beträgt ab dem Zeitpunkt des ersten therapeutischen Eingriffs in der Regel fünf Jahre.

Bei manchen Tumorerkrankungen werden zwei bis drei Jahre Heilungsbewährung angesetzt, wenn nach den klinischen Erfahrungen mit Sicherheit von einer kürzeren Gefährdungszeit ausgegangen werden kann.

Die GdB-Bewertung ist während der Heilungsbewährung wesentlich höher als danach. Dabei werden sowohl die primär krankheitsbedingten, sogenannten regelhaften Organschädigungen, Begleiterscheinungen (Schmerzen, Depressionen etc.) und Nebenwirkungen der Behandlungen (Röntgenstrahlen, Chemotherapie) berücksichtigt. Eine außergewöhnliche Belastung durch die Behandlung kann zusätzlich angerechnet werden.

Nach Ablauf der Heilungsbewährung erfolgt eine nochmalige Begutachtung hinsichtlich der verbleibenden Funktionseinschränkungen und Behinderungen (z. B. Verlust einer Niere, Zustand nach Darmresektion mit künstlichem Darmausgang).

Was soll geschehen, wenn bei den regelmäßig durchgeführten Tumor-Nachsorgeuntersuchungen nach der Heilungsbewährung doch eine wieder aufgetretene Geschwulst festgestellt wird? In diesem Fall sollten Sie unverzüglich einen Antrag auf Neubewertung der Schwerbehinderteneigenschaft stellen.

Der Gesamt-GdB

Man geht zum Arzt wegen einer Bagatellbeschwerde und verlässt seine Praxis als Schwerkranker, sagen böse Zungen. Bei einem gewissenhaften Arzt kann dies durchaus vorkommen. Nicht zutreffend dagegen ist folgende Behauptung: Der Arzt macht die Krankheiten. Nein, er stellt sie nur fest, wenn sie vorliegen. Durch forcierte ärztliche Weiterbildung, mehr Diagnostik-Know-how und mehr Zuwendung gegenüber dem Patienten steigt die Zahl der festgestellten Krankheiten. Die Früherkennung ist im Sinne des Fortschrittes. Sie wendet Leid ab und spart der Krankenversicherung Kosten.

Aus dieser Entwicklung resultiert auch die Ganzheitsmedizin. Der kranke Mensch mit all seinen Gesundheitsstörungen soll betrachtet werden. Dies entspricht auch sozialmedizinischen Prinzipien.

Der überwiegende Teil der Antragsteller, selbst jüngere Patienten, leiden an mehr als einer Gesundheitsstörung, die sie geltend machen wollen. Die prozentuale Bewertung der einzelnen Funktionsbehinderungen wurde bereits im vorangegangenen Kapitel beschrieben.

Bei der Berechnung des Gesamt-GdB werden die Einzel-GdB-Werte nicht einfach addiert; es werden auch keine anderen mathematischen Methoden angewendet.

In den „Grundsätzen" wird die Veranschlagung des Gesamt-GdB nach folgender Regel vorgenommen: „Maßgebend sind die Auswirkungen der einzelnen Funktionsbeeinträchtigungen in ihrer Gesamtheit unter Berücksichtigung ihrer wechselseitigen Beziehung zueinander."

Im Gutachteralltag legt man jenes Hauptleiden des Antragstellers zugrunde, das die höchste Einzel-GdB „erzielt". Als zweiter Schritt wird geprüft, ob und inwieweit die übrigen niedriger bewerteten

Funktionseinschränkungen Ausmaß und Leidensdruck der Hauptbehinderung zusätzlich verschlimmern.

Die Beziehungen der einzelnen Funktionsbehinderungen untereinander können sehr unterschiedlich sein. Es gibt eine ganze Reihe von Varianten zwischen völliger Unabhängigkeit bis hin zu einer gegenseitigen Nachteilpotenzierung weit über die Einzelbewertungen hinaus (siehe auch Kapitel 4).

Funktionsbehinderungen geringfügigen Ausmaßes mit einem Einzel-GdB von 10 (einfache Hochdruckkrankheit, chronische Bronchitis, Verlust eines Fingers) werden bis auf seltene Ausnahmen bei der Gesamtbeurteilung der Behinderung nicht berücksichtigt.

Ab dem Gesamt-GdB von 50 wird die Schwerbehinderteneigenschaft anerkannt. Bei weniger Prozenten kann unter Umständen ein Gleichstellungsantrag gestellt werden (siehe auch Kapitel 8).

Vergabe von Merkzeichen

Laut § 69 Abs. 4 SGB IX (ab 01.01.2018: § 152 Abs. 4 SGB IX) „sind neben dem Vorliegen der Behinderung weitere gesundheitliche Merkmale Voraussetzung für die Inanspruchnahme von Nachteilsausgleichen, so treffen die für die Durchführung des Bundesversorgungsgesetzes zuständigen Behörden die erforderlichen Feststellungen im Verfahren nach Abs. 1".

Die Inanspruchnahme von Nachteilsausgleichen ist an Voraussetzungen wie die Anerkennung der Schwerbehinderteneigenschaft gebunden. Sie bedingen außerdem das Vorliegen bestimmter Gesundheitsschäden (z. B. dauerhafte Einbuße der körperlichen Beweglichkeit). Ob sie nachweislich vorliegen, wird vom Versorgungsamt im Rahmen der Bearbeitung Ihres Schwerbehindertenantrages geprüft und ggf. in Form von Merkzeichen im Feststellungsbescheid aufgeführt und im Ausweis ausgedruckt.

Vergabe von Merkzeichen

Merkzeichen (MZ)
■ G – Nachteilsausgleich im Nahverkehr (wegen Gehbehinderung) ■ Gl – Nachteilsausgleich im Nahverkehr (wegen Gehörlosigkeit) ■ aG – Parkerleichterung wegen außergewöhnlicher Gehbehinderung ■ B – Freifahrt für eine Begleitperson wegen der Notwendigkeit ständiger Begleitung Außerdem gibt es folgende Nachteilsausgleiche: ■ H – Nachteilsausgleich wegen Hilflosigkeit ■ Rf – Befreiung von Rundfunkgebühr und Sozialtarif für Telefonanschlüsse ■ Bl – Nachteilsausgleich wegen Blindheit

Bei der Vergabe der oben aufgeführten Merkzeichen ist auch das Ausmaß der betreffenden Gesundheitsschäden und deren Auswirkungen von entscheidender Bedeutung.

Die Versorgungsämter händigen dem Antragsteller ein orangefarbiges „Merkblatt bzw. Erläuterungen zum Bescheid" aus. Darin werden unter anderem die Merkzeichen ausführlich erörtert.

Irrtümlich wäre die Vorstellung, dass Ihnen wegen Hinkens automatisch das Merkzeichen „G" oder, wenn Sie als Kranker Hilfe von anderen benötigen, das Merkzeichen „H" zustünde.

Die in den „Grundsätzen" formulierten Bedingungen des Gesetzgebers zur Vergabe von Merkzeichen sind für den Gutachter bindend.

Merkzeichen „G" – Gehbehinderung

Dieser Nachteilsausgleich schwerbehinderter Menschen setzt eine „erhebliche Beeinträchtigung in der Bewegungsfähigkeit im Straßenverkehr" voraus.

Sie kann durch Einschränkung des Gehvermögens (z. B. Gelenkdeformität, arterielle Verschlusskrankheit), durch Erkrankung innerer Organe (z. B. Herz- oder Atmungsinsuffizienz), durch Anfälle (z. B. Epilepsie, Schockzustände) oder durch Störung der Orientierungsfähigkeit (z. B. bei alleiniger Sehbehinderung ab GdB 70, bei gleichzeitiger Störung der Ausgleichfunktionen wie hochgradige Schwerhörigkeit beiderseits oder geistige Behinderung ab GdB 50) verursacht werden.

Solcherart behinderte Menschen sind durch ihre Behinderung nicht in der Lage, Wegstrecken im Ortsverkehr ohne Gefahr für sich oder andere zurückzulegen, die üblicherweise altersunabhängig und ohne Rücksicht auf die örtlichen Verhältnisse noch zu Fuß zurückgelegt werden können: „Als ortsübliche Wegstrecke in diesem Sinne gilt eine Strecke von etwa zwei Kilometern, die in etwa einer halben Stunde zurückgelegt wird."

Die Einschränkung des Gehvermögens kann von den unteren Gliedmaßen und der Wirbelsäule ausgehen und muss als Einzel-GdB 50 – bei bestimmten Ausnahmen mindestens 40 – betragen.

Rechte aufgrund von Merkzeichen „G"

Das Merkzeichen „G" berechtigt wahlweise zur unentgeltlichen Beförderung im öffentlichen Personennahverkehr oder zur Kraftfahrzeugsteuerermäßigung von 50 Prozent. Beachten Sie zur Steuerermäßigung die nachfolgenden Ausführungen.

Außerdem besteht gegen das Finanzamt ein Anspruch auf Anerkennung von erhöhten Aufwendungen für die Fahrt mit dem PKW zur Arbeitsstelle, und zwar pro Kilometer mit 0,30 Euro. Begünstigt sind hier neben den schwerbehinderten Menschen mit dem Merkzeichen „G" auch behinderte Menschen mit einem GdB ab 70 ohne dieses Merkzeichen. Als erforderliche Unterlage dient der Schwerbehindertenausweis oder die F-Bescheinigung. Die Aufwendungen für Privatfahrten sind bis zu 3000 km (à 0,30 Euro bis zu 900 Euro) gegenüber dem Finanzamt geltend zu machen. Begünstigt sind schwerbehinderte Menschen mit GdB ab 70 und dem Merkzeichen „G" sowie schwerbehinderte Menschen mit einem GdB ab 80. Auch hier reicht als Unterlage der Schwerbehindertenausweis oder die F-Bescheinigung aus.

Im Übrigen wird ein höherer Grundbetrag der bedarfsorientierten Grundsicherung nach dem SGB XII berücksichtigt. Begünstigt sind hier schwerbehinderte Menschen, das heißt Menschen mit einem GdB ab 50, die in ihrem Schwerbehindertenausweis das Merkzeichen „G" haben. Zuständige Stellen sind das Sozialamt bzw. die Gemeinde oder der Kreis. Als erforderliche Unterlage reicht der Schwerbehindertenausweis.

> **Praxis-Tipp:**
> Beachten Sie bezüglich der Grundsicherung das im Walhalla Fachverlag erschienene Buch „SGB XII – Sozialhilfe: Grundsicherung im Alter und Erwerbsminderung" (ISBN 978-3-8029-7299-7).

Merkzeichen „Gl" – der Ausweisinhaber ist gehörlos

Zu diesem Personenkreis gehören Menschen, die auf beiden Ohren taub sind. Als gehörlos gelten auch solche Hörbehinderte, bei denen eine an Taubheit grenzende Schwerhörigkeit beiderseits besteht, wenn zusätzlich eine schwere Sprachstörung (schwer verständliche Lautsprache, geringer Wortschatz angeboren oder durch Krankheit im Kindesalter verursacht) vorliegt.

Gehörlose sind bei Kommunikation oder Besorgung von Informationen häufig auf spezielle Gehörlosendolmetscher angewiesen. Die oben beschriebenen gehörlosen Menschen sind ab Beginn der Frühförderung als Kleinkind bis zur Beendigung der schulischen bzw. beruflichen Ausbildung als Hilflose eingestuft. Gehörlosen Menschen steht eine Begleitperson im Straßenverkehr (siehe Merkzeichen „B") zu.

Eine Behinderung im Straßenverkehr wird bei Taubheit oder einer an Taubheit grenzenden Schwerhörigkeit im Kindesalter anerkannt. Bei Erwachsenen wird die Beeinträchtigung der Bewegungsfähigkeit von Gehörlosen nur in Kombination mit der Einschränkung der Ausgleichsfunktionen (Sehbehinderung, geistige Behinderung) gebilligt.

Der Ausweis

Rechte aufgrund von Merkzeichen „Gl"

Das Merkzeichen „Gl" berechtigt wahlweise zur

- unentgeltlichen Beförderung im öffentlichen Personennahverkehr oder
- zur Kraftfahrzeugsteuerermäßigung von 50 Prozent (siehe nachfolgende Ausführungen).

Das Gleiche gilt auch für die Hundesteuer.

Merkzeichen „aG" – Außergewöhnliche Gehbehinderung

Eine außergewöhnliche Gehbehinderung liegt vor, wenn sich schwerbehinderte Personen durch die Schwere ihrer Behinderungen dauernd „nur mit fremder Hilfe oder nur mit großer Anstrengung außerhalb ihres Kraftfahrzeuges bewegen können". Bei diesen schwerbehinderten Menschen ist die Fortbewegung im Alltag auf das Schwerste eingeschränkt.

Folgende Schwerbehinderte zählen hierzu:

- Querschnittsgelähmte
- Doppeloberschenkelamputierte
- Doppelunterschenkelamputierte
- Hüftgelenkexartikulierte, die außerstande sind, Kunstbein zu tragen
- einseitige Oberschenkelamputierte, die außerstande sind, Kunstbein zu tragen oder nur eine Beckenprothese tragen können und zugleich unterschenkel- oder armamputiert sind

Es werden hier auch andere schwerbehinderte Personen angesprochen, die nach versorgungsärztlicher Feststellung dem vorstehend aufgeführten Personenkreis gleichzustellen sind.

Allerdings ist eine solche Gleichstellung nur möglich, wenn das Gehvermögen auf das Schwerste eingeschränkt ist. Wird ein Rollstuhl benutzt, kommt es darauf an, ob der Betroffene auf ihn ständig angewiesen ist.

Als Erkrankungen der inneren Organe, die eine Gleichstellung rechtfertigen, sind beispielsweise Herzschäden und Krankheiten der Atmungsorgane anzusehen. Voraussetzung ist, dass die Einschränkung der Herzleistung oder der Lungenfunktion für sich allein einen GdB von 80 bedingt.

> **Praxis-Tipp:**
> Seit 01.09.2011 bietet die Deutsche Bahn einen neuen Service für Menschen mit Behinderung an: Freifahrtberechtigte schwerbehinderte Menschen benötigen im Nahverkehr der Deutschen Bahn keine Tickets mehr – unabhängig davon, wie weit sie fahren.

Rechte aufgrund von Merkzeichen „aG"

Hier können Parkerleichterungen im Straßenverkehr sowie eine Kraftfahrzeugsteuerbefreiung in Anspruch genommen werden.

Bezüglich der Kraftfahrzeugsteuerbefreiung ist § 3a des Kraftfahrzeugsteuergesetzes 2002 (KraftStG 2002) zu beachten. Danach ist das Halten von Kraftfahrzeugen von der Steuer befreit, solange die Fahrzeuge für schwerbehinderte Personen zugelassen sind. Dabei handelt es sich um schwerbehinderte Personen, die einen Ausweis mit dem Merkzeichen „H", „Bl" oder „aG" haben und dadurch nachweisen, dass sie hilflos, blind oder außergewöhnlich gehbehindert sind.

Die Steuer ermäßigt sich um 50 Prozent, wenn die Voraussetzungen des § 145 Abs. 1 Satz 1 SGB IX (ab 01.01.2018: § 228 Abs. 1 Satz 1 SGB IX) vorliegen und die schwerbehinderten Personen dies durch einen Ausweis nachweisen. Danach werden schwerbehinderte Menschen, die infolge ihrer Behinderung in ihrer Bewegungsfähigkeit im Straßenverkehr erheblich beeinträchtigt oder hilflos oder gehörlos sind, von Unternehmen des öffentlichen Personenverkehrs unentgeltlich befördert. Die unentgeltliche Beförderung verpflichtet allerdings zur Zahlung eines tarifmäßigen Zuschlags bei der Benutzung zuschlagpflichtiger Züge des Nahverkehrs.

Der Ausweis

Voraussetzung ist, dass der Ausweis mit einer gültigen Wertmarke versehen ist. Gegen Entrichtung eines Betrags von

- 80 Euro wird sie für ein Jahr und
- gegen Entrichtung eines Betrags von 40 Euro wird sie für ein halbes Jahr

ausgegeben. Diese Werte gelten seit 01.01.2016.

Bei schwerbehinderten Menschen mit dem Merkzeichen „aG" oder „H" erkennt das Finanzamt einen Betrag von 0,30 Euro pro km als Nachteilsausgleich an. Dies ist aber nur bis zu 3.000 km im Jahr möglich (Höchstbetrag also 900 Euro). Dieser Anspruch steht schwerbehinderten Menschen mit einem GdB ab 80 auch ohne das Merkzeichen „aG" zu. Als erforderliche Unterlage dient der Schwerbehindertenausweis oder die F-Bescheinigung.

Als Voraussetzungen für den Nachteilsausgleich mit Merkzeichen „aG" reicht zum Beispiel nicht aus:

- Behinderung im Straßenverkehr durch die alleinige Einschränkung des Orientierungsvermögens
- Notwendigkeit, eine Toilette wegen Stuhlinkontinenz rasch aufsuchen zu müssen
- erhebliche Versteifung des Hüftgelenks und Deformität nach Oberschenkelhalsbruch, wenn zum Einsteigen in den PKW auf öffentlichen Parkplätzen wegen deren Enge die Autotür zum Einsteigen nicht weit genug geöffnet werden kann

Für schwerbehinderte Menschen, die einen Ausweis mit dem Merkzeichen „aG" haben, gibt es im Übrigen Behindertenfahrdienste, Taxischeine (ggf. einkommensabhängig – kommunal unterschiedliche Regelungen). Diese Vergünstigungen sind beim Sozialamt zu beantragen.

Es ergibt sich aus § 146 SGB IX (ab 01.01.2018: § 229 SGB IX), wer in seiner Bewegungsfähigkeit im Straßenverkehr erheblich beeinträchtigt ist.

Dies ist, wer infolge einer Einschränkung des Gehvermögens (auch durch innere Leiden oder infolge von Anfällen oder von Störungen der Orientierungsfähigkeit) Wegstrecken im Ortsverkehr, die üblicherweise noch zu Fuß zurückgelegt werden, nicht ohne erhebliche Schwierigkeiten oder nicht ohne Gefahren für sich oder andere gehen kann.

Dabei ist allerdings nicht auf die konkreten Wohnverhältnisse oder örtlichen Gegebenheiten abzustellen.

Eine erhebliche Beeinträchtigung der Bewegungsfähigkeit im Straßenverkehr liegt unter anderem dann vor, wenn Funktionsstörungen der unteren Gliedmaßen und/oder der Lendenwirbelsäule bestehen, die sich auf die Gehfähigkeit auswirken und die für sich einen GdB von wenigstens 50 bedingen.

Bei inneren Leiden wird eine erhebliche Beeinträchtigung der Bewegungsfähigkeit vor allem bei Herzschäden und bei Atembehinderungen (jeweils mit Leistungsbeeinträchtigung bereits bei alltäglicher leichter Belastung) angenommen.

Merkzeichen „B" – Notwendigkeit ständiger Begleitung

Auf ständige Begleitung bei Benützung von öffentlichen Verkehrsmitteln angewiesen sind schwerbehinderte Menschen, bei denen „eine erhebliche oder außergewöhnliche Gehbehinderung" festgestellt wurde.

Die ständige Begleitung muss folgenden Zweck erfüllen:

- Vorbeugen von Gefahren für sich oder für andere bei der Benützung von öffentlichen Verkehrsmitteln bei denjenigen, die auf fremde Hilfe angewiesen sind
- Gewährleistung von Hilfestellung zum Ausgleich von Orientierungsstörungen

Eine Begleitperson ist unentbehrlich im öffentlichen Personenverkehr für Querschnittsgelähmte, Ohnhänder, Blinde, Sehbehinderte, hochgradig Hörbehinderte, geistig behinderte Menschen und für diejenigen, die an einer Anfallskrankheit leiden oder ähnlich behindert sind.

Rechte aufgrund von Merkzeichen „B"

Das Merkzeichen „B" berechtigt schwerbehinderte Menschen, im öffentlichen Personenverkehr ohne Kilometerbegrenzung eine

Der Ausweis

Begleitperson kostenlos mitzunehmen. Das gilt sowohl in den Fällen, in denen der schwerbehinderte Mensch

- Anspruch auf unentgeltliche Beförderung hat, als auch dann,
- wenn er selbst für seine Fahrt voll bezahlen muss. Außerdem besteht ein Anspruch auf unentgeltliche Beförderung für Begleitpersonen auf innerdeutschen Flügen. Zuständig für diese Vergünstigung sind: Lufthansa, Regionalfluggesellschaften, Reisebüros. Als erforderliche Unterlage reicht der Schwerbehindertenausweis aus.

Wichtig: Merkzeichen „B" berechtigt zur Mitnahme einer Begleitperson; der Schwerbehinderte ist aber nicht verpflichtet, eine Begleitperson mitzunehmen.

Merkzeichen „H" – Hilflosigkeit

Hilflos ist ein schwerbehinderter Mensch, wenn er „infolge seiner Behinderung nicht nur vorübergehend – also länger als sechs Monate – für eine Reihe von häufig und regelmäßig wiederkehrenden Verrichtungen zur Sicherung seiner persönlichen Existenz im Ablauf eines jeden Tages fremder Hilfe dauernd bedarf".

Unter „häufig und regelmäßig wiederkehrenden Verrichtungen zur Sicherung der Existenz im Ablauf eines jeden Tages" versteht man:

- Hilfe morgens beim Aufstehen
- Körperpflege wie Baden, Duschen, Waschen, Kämmen, Zähneputzen
- An- und Auskleiden
- Nahrungsaufnahme
- Verrichten der Notdurft

Zu beachten ist dabei auch die Notwendigkeit körperlicher Bewegung, geistiger Anregung und Kommunikation.

Der Umfang der Hilfe muss erheblich sein, das heißt sie muss dauernd erfolgen. Einzelne, gelegentliche Hilfestellungen, selbst wenn sie während des Tagesverlaufs wiederholt notwendig werden, wichtig oder unentbehrlich sind, erfüllen noch nicht die

Vergabe von Merkzeichen

Voraussetzungen, beispielsweise Hilfe im Straßenverkehr, beim Treppensteigen, Anziehen bestimmter Kleidungsstücke oder Stützstrümpfe, Begleitung auf Reisen oder bei den täglichen Spaziergängen. Die Art der Hilfe bei Heimdialyse bedarf einer näheren Prüfung.

Verrichtungen, die mit der Pflege der schwerbehinderten Menschen nicht in Zusammenhang stehen, sondern sich auf die hauswirtschaftliche Versorgung bzw. Versorgung der unmittelbaren Umgebung beziehen, fallen nicht unter den Nachteilsausgleich für Hilflose.

Im Gegensatz dazu sind die Voraussetzungen für die Annahme von Hilflosigkeit (Merkzeichen „H") gegeben, wenn „die Hilfe in Form einer Überwachung oder einer Anleitung zu diesen Verrichtungen erforderlich ist oder wenn die Hilfe zwar nicht dauernd geleistet werden muss, jedoch eine ständige Bereitschaft zur Hilfe erforderlich ist", zum Beispiel wenn ein psychisch Erkrankter oder geistig Behinderter wegen Antriebsschwäche ohne ständiges Anregen und Animieren keine Aktivitäten zu seiner Pflege und Wartung entfalten würde. Die Notwendigkeit der ständigen Bereitschaft ist auch dann anzunehmen, wenn unerwartet und häufig lebensgefährliche Zustände auftreten, zum Beispiel Ohnmachtsanfälle bei zerebralen Anfallsleiden, Herzanfälle mit Herzstillstand, unbeherrschbare Anfälle von Kammerflimmern (Herzrhythmusstörungen mit über 300 Herzschlägen/Minute).

In den oben genannten Fällen muss der Gutachter alle in Betracht kommenden Umstände des Einzelfalls kennen, einschließlich aller Belastungen, denen der schwerbehinderte Mensch ausgesetzt ist, darunter auch solche, die ihm zugemutet werden können.

Man kann Hilflosigkeit bei bestimmten schwerbehinderten Menschen ohne nähere Prüfung allein anhand der Diagnosen annehmen. Dies trifft zu bei:

- Blindheit und hochgradiger Sehbehinderung, wenn diese einen Einzel-GdB von 100 bedingt
- Querschnittslähmung
- Gehbehinderung, die auf Dauer, auch innerhalb des Wohnraums, die Benützung eines Rollstuhls erfordert

Der Ausweis

- Hirnschäden, Anfallsleiden, geistige Behinderungen und Psychosen, wenn diese Erkrankungen einen Einzel-GdB von 100 bedingen

- Verlust von zwei oder mehr Gliedmaßen (die Gegebenheiten bei Unterschenkelamputation müssen im Einzelfall extra geprüft werden)

- Schwerbehinderung mit dauerndem Krankenlager (der Begriff „dauerndes Krankenlager" ist definiert).

Pflegebedürftigkeit ist nicht mit Hilflosigkeit gleichzustellen. Allerdings kann bei Schwerstpflegebedürftigkeit, das heißt bei Pflegestufe III, ein gleichzeitiges Vorliegen von Hilflosigkeit angenommen werden. Bei niedrigeren Stufen der Pflegebedürftigkeit ist eine eigenständige Prüfung der Hilflosigkeit erforderlich.

Bei Kindern ist stets nur der Teil der Hilfebedürftigkeit zu berücksichtigen, der wegen der Behinderung den Umfang der Hilfebedürftigkeit eines gesunden gleichaltrigen Kindes überschreitet. Bereits im ersten Lebensjahr können bei hirngeschädigten oder blinden Kleinkindern die Voraussetzungen für Hilflosigkeit erfüllt sein.

Insbesondere gehört bei Kindern die Notwendigkeit der Förderung der körperlichen und geistigen Entwicklung, darunter das Erlernen der Sprache, Erfassen und Verstehen der ersten Erfahrungen mit der Umwelt, das Erlernen von Bewegungskoordination beim Gebrauch der Gliedmaßen und die notwendige Überwachung von Entwicklungen zur Hilfeleistung. Dies muss bei der Prüfung der Frage zur Hilflosigkeit beachtet werden.

Bei Kindern kann durch die erörterten Besonderheiten bereits bei niedrigerem GdB schon Hilflosigkeit vorliegen. Bei folgenden angeborenen oder im Kindesalter aufgetretenen wird allgemein von Hilflosigkeit ausgegangen:

- geistige Behinderung

- autistisches Syndrom

- hirnorganisches Anfallsleiden

- Blindheit und hochgradige Sehbehinderung

Vergabe von Merkzeichen

- Taubheit bzw. an Taubheit grenzende Schwerhörigkeit
- Lippen-Kiefer-Gaumenspalte, komplette Gaumensegelspalte
- Bronchialasthma
- angeborene oder erworbene Herzschäden
- Behandlung mit künstlicher Niere
- Diabetes mellitus (Zuckerkrankheit)
- Phenylketonurie, Homocystinurie, Ahornsirupkrankheit, Galaktosämie (seltene Stoffwechselerkrankungen)
- Mukoviszidose (zähflüssige Drüsensekretbildung)
- maligne Erkrankungen (z. B. Leukämie)
- Immundefekte
- Hämophilie (Bluterkrankheit)
- juvenile chronische Polyarthritis (chronische entzündliche Gelenkserkrankung während der Kindheit und Jugend)
- Osteogenesis imperfecta (krankhafte Knochenbrüchigkeit)
- Typ-1-Allergie gegen schwer vermeidbare Allergene
- Zöliakie (Darmerkrankung)

Die Voraussetzungen für Hilflosigkeit können infolge des Reifungsprozesses entfallen. Sie können aber auch dadurch entfallen, dass das behinderte Kind bzw. der Jugendliche es erlernt, die erforderlichen behinderungsbedingten Sondermaßnahmen selbstständig und eigenverantwortlich durchzuführen.

Das Lebensalter, in dem die Zumutbarkeit in jedem Fall gegeben sein sollte, ist in den „Grundsätzen" angegeben, und danach richtet sich auch eine Nachprüfung zur Neubewertung der Schwerbehinderteneigenschaft.

Rechte aufgrund von Hilflosigkeit

Das Merkzeichen „H" berechtigt zu:

- Befreiung von der Kraftfahrzeugsteuer (beachten Sie dazu die Ausführungen auf den vorausgegangenen Seiten)

Der Ausweis

- Ermäßigung der Einkommen- bzw. Lohnsteuer
- Befreiung von der Hundesteuer (Gemeinderecht, Gemeindesatzung ist maßgebend)
- unentgeltliche Beförderung im öffentlichen Personenverkehr (beachten Sie dazu die Ausführungen auf den vorausgegangenen Seiten)
- höhere Einkommensfreibeträge für Wohngeld und gestaffelte höhere Freibeträge für Wohnungsbauförderung

Bezüglich der Ermäßigung der Lohn- bzw. Einkommensteuer ist § 33b EStG zu beachten. Wegen der außergewöhnlichen Belastungen, die einem behinderten Menschen unmittelbar infolge seiner Behinderung erwachsen, kann er an Stelle einer Steuerermäßigung nach § 33 EStG einen Pauschbetrag geltend machen. Das Gesetz spricht hier vom Behinderten-Pauschbetrag.

Nach § 33b Abs. 3 EStG richtet sich die Höhe des Pauschbetrags nach dem dauernden Grad der Behinderung.

Als Pauschbeträge werden gewährt bei einem GdB

von 25 und 30	310 Euro
von 35 und 40	430 Euro
von 45 und 50	570 Euro
von 55 und 60	720 Euro
von 65 und 70	890 Euro
von 75 und 80	1.060 Euro
von 85 und 90	1.230 Euro
von 95 und 100	1.420 Euro

Wichtig: Für behinderte Menschen, die hilflos sind, und für Blinde erhöht sich der Pauschbetrag auf 3.700 Euro. Die Merkzeichen „H" und „Bl" berechtigen somit zum Ansatz eines Betrags von jeweils 3.700 Euro als außergewöhnliche Belastung. Bei einer behinderten Person kann dieser Betrag jedoch nur einmal berücksichtigt werden.

Hier ist auch § 33b Abs. 6 EStG zu beachten. Wegen der außergewöhnlichen Belastungen, die einem Steuerpflichtigen durch die Pflege einer Person erwachsen, die nicht nur vorübergehend hilflos ist, kann er an Stelle einer Steuerermäßigung einen Pauschbetrag von 924 Euro im Kalenderjahr geltend machen (Pflege-Pauschbetrag), wenn er dafür keine Einnahmen erhält.

Merkzeichen „Rf" – Befreiung von der Rundfunkgebührenpflicht

Laut Länderverordnung können Schwerbehinderte mit bestimmten Gesundheitsschäden von der Rundfunkgebührenpflicht befreit werden. Dieser Nachteilsausgleich begünstigt diejenigen, die überhaupt nicht in der Lage sind, an öffentlichen Veranstaltungen im Allgemeinen teilzunehmen, oder wenn eine bestimmte Erkrankung des schwerbehinderten Menschen für seine Umgebung eine unzumutbare Belastung darstellt.

Folgende Schwerbehinderte mit einem GdB von mindestens 80 gelten als Anspruchsberechtigte:

- Sehbehinderte mit einem Einzel-GdB von mindestens 60
- Hörgeschädigte mit einem Einzel-GdB von mindestens 50
- schwerbehinderte Menschen mit unzureichend verschließbarem Anus praeter (vorverlegter Darmausgang) oder undichten Harnblasenkatheter
- schwerbehinderte Menschen mit lauten Atemgeräuschen nach Kehlkopfresektion (Kanülenträger) oder ständig wiederkehrenden Hustenanfällen
- schwerbehinderte Menschen mit nicht nur vorübergehender Ansteckungsgefahr
- immunsupprimierte Menschen nach Organtransplantation

nur bedingt

- schwerbehinderte Spastiker mit groben, unwillkürlichen Kopf- oder Gliedmaßenbewegungen,
- schwerbehinderte Menschen mit schweren Bewegungsbehinderungen, einschließlich Erkrankung von inneren Organen, wenn die Zumutbarkeit der Benützung eines Rollstuhls nicht gegeben ist (Pflegegrad 4)
- Kranke mit häufigen hirnorganischen Anfällen

Der Ausweis

- geistig oder seelisch schwerbehinderte Menschen mit möglichen motorischen Unruhezuständen, lautem Sprechen oder aggressivem Verhalten während einer Veranstaltung

„Solche schwerbehinderten Menschen müssen allgemein von öffentlichen Zusammenkünften ausgeschlossen sein. Es genügt nicht, dass sich die Teilnahme an einzelnen, nur gelegentlich stattfindenden Veranstaltungen – bestimmter Art – verbietet."

Einem Gehbehinderten, der an den Rollstuhl gebunden ist, kann zugemutet werden, dass er in der Lage ist, ohne oder mit Begleitperson öffentliche Veranstaltungen zu besuchen. Bei reiner Schallleitungsschwerhörigkeit ist eine genügende Verständigung durch Hörhilfe möglich.

Der Antrag auf Rundfunkgebührenbefreiung ist an die zuständige Ortsbehörde zu richten. In der Regel beginnt die Rundfunkgebührenbefreiung mit dem Antragsmonat. Zu beachten ist hier auch der Telekom-Sozialtarif, der bei einer Niederlassung der Deutschen Telekom zu beantragen ist.

Merkzeichen „Bl" – Der Ausweisinhaber ist blind

Die „Grundsätze" definieren Blindheit wie folgt:

„Blind ist ein behinderter Mensch, dem das Augenlicht vollständig fehlt. Als blind ist auch ein behinderter Mensch anzusehen, dessen Sehschärfe auf dem besseren Auge nicht mehr als 0,02 (1/50) beträgt oder wenn andere Störungen des Sehvermögens von einem solchen Schweregrad vorliegen, dass sie dieser Beeinträchtigung der Sehschärfe gleichzustellen sind."

Folgende Sehbehinderungen sind insbesondere einer Blindheit gleichzusetzen:

- Einengung des Gesichtsfelds unter bestimmten Bedingungen
- große Skotome und Hemianopsien unter bestimmten Bedingungen (Gesichtsfeldausfälle)
- vollständiger Ausfall der Sehrinde

Blinde und hochgradig Sehbehinderte sind als hilflos anzusehen. Ihnen steht auch eine Begleitperson im Straßenverkehr (Merkzeichen „B") zu.

Vergabe von Merkzeichen

Rechte aufgrund von Blindheit

Schwerbehinderte Menschen, die blind sind, haben zahlreiche Vergünstigungen:

- Einkommen- bzw. Lohnsteuerermäßigung,
- Erlass der Hundesteuer (Gemeindesatzung maßgebend – Hundesteuer ist eine Gemeindesteuer)
- Befreiung von der Kraftfahrzeugsteuer
- unentgeltliche Beförderung im öffentlichen Personenverkehr
- Begünstigungen beim Postversand, im Fernsprechwesen sowie bei Radio und Fernsehen
- Parkerleichterung (beachten Sie dazu die noch folgenden Ausführungen)
- Begünstigung bei Umsatzsteuer
- Gewährung von Blindengeld (Landesrecht maßgebend)

In Zusammenhang mit den Parkerleichterungen ist zu erwähnen, dass Parkplätze für Rollstuhlfahrer besonders gekennzeichnet sind. Sie können von schwerbehinderten Menschen benutzt werden, denen von der zuständigen Ortsbehörde ein besonderer Parkausweis erteilt wurde. Der Ausweis ist mit dem Rollstuhlfahrer-Symbol versehen.

Voraussetzung ist allerdings das Vorhandensein des Merkzeichens „aG" oder „Bl" (siehe vorhergehenden Text).

Zeitlich befristete Ausnahmeregelungen sind im Allgemeinen nach Absprachen mit der Ortsbehörde bzw. dem zuständigen Straßenverkehrsamt im Einzelfall möglich.

Die Ausführungen zu den „Merkzeichen" zeigen deutlich, dass der Gesetzgeber die Anerkennung von Nachteilsausgleichen für schwerbehinderte Menschen an eine Reihe von Auflagen gebunden hat. Als Antragsteller ist man gut beraten, wenn man sich bemüht, den ärztlichen Gutachter des Versorgungsamts möglichst umfassend über die bestehenden bzw. geltend gemachten Gesundheitsstörungen zu informieren.

Es geht dabei weniger um eine große Zahl von vorgelegten Befunden, sondern eher um gezielte und aktuelle Kenntnisse (siehe auch die Ausführungen zur Vorbereitung des Antrags auf Schwerbehinderung in Kapitel 3).

Der Ausweis: Ausstellung, Gültigkeitsdauer, Änderung, Einziehung, Verlust

Der Antragsteller erhält vom Versorgungsamt einen rechtsfähigen Bescheid, in dem angegeben sind:

- die vom Amt anerkannten Behinderungen
- der Gesamt-GdB
- Zeitpunkt des Beginns der Behinderung
- die Feststellung, ob eine Schwerbehinderung im Sinne des SGB IX vorliegt
- ob ein Ausweis ausgestellt werden kann
- ob eine dauerhafte Einbuße der körperlichen Beweglichkeit vorliegt
- die Merkzeichen für die Inanspruchnahme von Nachteilsausgleichen
- die geltend gemachte, jedoch nicht anerkannte Gesundheitsstörung
- Gesundheitsstörungen ohne Funktionsbeeinträchtigung, die daher nicht berücksichtigt wurden
- Rechtsbehelfsbelehrung
- Hinweise zur Anzeigepflicht zur Änderung (Besserung/Verschlechterung) der anerkannten Behinderungen

Einen Bescheid erhalten Sie auch, wenn der GdB weniger als 50 beträgt.

Der Teil-GdB jeweils für die unter Punkt 1 genannten Behinderungen wird im Bescheid nicht angegeben.

Der Ausweis

Die Behinderteneigenschaft wird im Übrigen kraft Gesetz mit dem Eintritt einer Behinderung (nachweisbedingt) und nicht mit deren Feststellung durch das Versorgungsamt erworben.

Als Schwerbehindertenausweis wird ein Ausweis mit Lichtbild ausgestellt, wenn der vom Versorgungsamt festgestellte GdB mindestens 50 beträgt und beantragt wurde.

Der Ausweis zeigt den Grad der Behinderung an sowie die jeweils zutreffenden Merkmale.

Wichtig: Als Nachweis der Schwerbehinderteneigenschaft dient der vom Versorgungsamt ausgestellte Ausweis und nicht der Feststellungsbescheid.

Verlängerung der Gültigkeitsdauer

Es ist nicht erforderlich, dass Sie einen Neufeststellungsantrag stellen. Sie erhalten rechtzeitig vor Ablauf ein Schreiben des Versorgungsamts, mit dem Sie die Gültigkeit bei Ihrer zuständigen Ortsbehörde oder beim Versorgungsamt verlängern lassen können.

Wurde die Gültigkeit bereits zweimal verlängert, muss vom Versorgungsamt selbst ein neuer Ausweis ausgestellt werden. Sie müssen dazu den bisherigen Ausweis und ein neues Passbild einsenden.

Die Gültigkeit endet immer am Ende des eingestempelten Monats. Wurde also beispielsweise 12/2017 eingestempelt, endet die Gültigkeit am 31.12.2017.

Änderung des Ausweises

Eine Änderung des Ausweises kommt beispielsweise dann infrage, wenn andere Merkmale einzutragen sind oder Merkzeichen entfernt werden müssen, weil sie nicht mehr zutreffen. Außerdem ist natürlich dann eine Änderung vorzunehmen, wenn sich der GdB ändert. Die Änderungen werden vom Versorgungsamt vorgenommen.

Der Ausweis

Einziehung des Ausweises

Der Ausweis wird eingezogen, wenn die Schwerbehinderteneigenschaft nicht mehr vorliegt, der GdB also unter 50 sinkt. Dem Einzug muss ein Bescheid des Versorgungsamts vorangehen.

Verlust des Ausweises

Haben Sie Ihren Ausweis verloren, müssen Sie dies dem Versorgungsamt melden. Sie müssen der Meldung ein Passbild beifügen. Außerdem muss die Meldung eine kurze Erklärung über den Verlust des bisherigen Ausweises enthalten.

Bei Diebstahl oder Raub legen Sie bitte eine Kopie der polizeilichen Bescheinigung über abhanden gekommene Ausweispapiere bei.

Die vorstehenden Ausführungen beziehen sich darauf, dass Sie die Angelegenheit auf dem Postweg erledigen. Sprechen Sie beim Versorgungsamt persönlich vor, müssen Sie lediglich ein Passbild vorlegen. Wurde Ihnen der Ausweis gestohlen oder geraubt, bringen Sie bitte zusätzlich die polizeiliche Bescheinigung mit.

Das Widerspruchsverfahren

Prüfung des Feststellungsbescheids

Ihr Feststellungsbescheid ist nicht erwartungsgemäß ausgefallen. Die Enttäuschung ist groß. Es kommt in Ihnen die Frage einer ungerechten Bewertung auf.

Manche Antragsteller holen juristische Ratschläge ein und erwägen, die Entscheidung des Versorgungsamts anzufechten.

Andere zeigen den Bescheid vernünftigerweise zuerst ihrem behandelnden Arzt. Er war – wie eingehend beschrieben – an der Entscheidung des Versorgungsamts über Ihre Schwerbehinderteneigenschaft zwingend beteiligt. Er führte mit Ihnen möglicherweise ein Beratungsgespräch über Ihre Gesundheitsstörungen, beschrieb Ihre Leiden in einem Befundschein, den das Versorgungsamt von ihm angefordert hatte, und stellte gleichzeitig die als Nachweis dienenden Untersuchungsbefunde zur Verfügung.

Das Widerspruchsverfahren

Die Schlussfolgerung, Ihren behandelnden Arzt träfe die Schuld an dem für Sie enttäuschenden Bescheid des Versorgungsamts, ist falsch. Er haftet vor dem Gesetz lediglich für seine Atteste oder Befundscheine; diese müssen wahrheitsgemäß erstellt werden.

Ihr behandelnder Arzt kann jedoch sachkundig den für Sie unbefriedigenden Feststellungsbescheid bezüglich der medizinischen Voraussetzungen der Anerkennung der Schwerbehinderteneigenschaft überprüfen und Sie beraten.

Prüfung der formellen Richtigkeit des Feststellungsbescheids

- Haben Sie alle Ihre Gesundheitsstörungen angegeben?
- Sind alle angegebenen Gesundheitsstörungen durch aktuelle ärztliche Befunde belegt?
- In dem „Feststellungsbescheid" sollten Sie alle angegebenen Gesundheitsstörungen unter Abschnitt 1 als anerkannte und unter 7 oder 8 als nicht anerkannte Behinderungen wiederfinden.
- Waren für den Gutachter des Versorgungsamts aus den vorgelegten Untersuchungsbefunden die bei Ihnen vorliegenden Funktionsstörungen und Behinderungen eindeutig zu erkennen (Krankheitsstadium, Komplikationen, usw.)? Viele Untersuchungsbefunde beinhalten die Beschreibung der pathologischen Veränderungen und die Diagnosen, jedoch nicht die tatsächlich bestehenden Funktionsstörungen des Patienten im Alltag.
- Wurde vom Gutachter des Versorgungsamts – der Sie weder gesprochen noch untersucht hat (Aktengutachten) – eine Funktionsstörung missverständlich interpretiert?
- Ist der im Bescheid bezeichnete Zeitpunkt der Behinderung richtig?
- Wurde Ihnen das beantragte Merkzeichen zugesprochen?

Einige Fragen bleiben für Sie verborgen, so zum Beispiel mit welchem Teil-GdB die einzelnen anerkannten Behinderungen gewürdigt wurden. Diese erfahren Sie nur über einen Antrag auf

Akteneinsicht. Die einzelnen Teilbewertungen führen zur Feststellung des Gesamt-GdB, der maßgeblich ist für die Anerkennung einer Schwerbehinderung.

In manchen Fällen kann Ihr Hausarzt gut einschätzen, ob ein Widerspruch die richtige Entscheidung wäre oder ein Neuantrag, der beispielsweise bei chronischen Erkrankungen bereits nach einem halben Jahr eine Verschlimmerung der Funktionsstörung aufweisen kann. Ein Widerspruchsverfahren über mehrere Instanzen kann ein bis anderthalb Jahre andauern.

Ihr behandelnder Arzt kann sich bereit erklären, einen Widerspruch mit medizinischen Argumenten auszustatten oder diese in einem ärztlichen Attest abzufassen, um beispielsweise

- nicht geltend gemachte Erkrankungen nachträglich anzuzeigen,

- nicht berücksichtigte Funktionseinbußen bei geltend gemachten Erkrankungen zu beanstanden,

- während des Anerkennungsverfahrens neu gewonnene diagnostische Erkenntnisse über den Schweregrad der geltend gemachten Erkrankung einzubringen, um einen unzutreffend niedrigen Teil-GdB zu korrigieren,

- den Beginn der Behinderung bei rückwirkender Anerkennung zu korrigieren.

In anderen Fällen wird Ihnen ein auf Sozialrecht spezialisierter Jurist oder Verbandsfunktionär zu Rate stehen.

Begründung des Widerspruchs

Ihr Gefühl, dass Sie mehr behindert sind, als Ihnen das Amt bestätigt hat oder ein Bekannter für scheinbar gleiches Leiden mehr Prozente bekommen hat, reicht zur Begründung eines Widerspruchs nicht aus.

Zunächst ist anzunehmen, dass das Amt Ihren Antrag auf Anerkennung von Behinderungen anhand der eingereichten Untersuchungsbefunde und Unterlagen sorgfältig und gewissenhaft bearbeitet hat, wozu es nach § 20 SGB X verpflichtet ist.

Ein Widerspruch ist nur dann sinnvoll, wenn er gut begründet werden kann, das heißt auch nachgeschobene Gesundheitsschäden müssen nachweisbar sein, ebenso wie die Behauptung, dass eine vorliegende Funktionsstörung mit höherem Teil-GdB bewertet werden soll.

Der Widerspruchsbescheid

Im Widerspruchsverfahren wird dasselbe Versorgungsamt, das Ihnen den Feststellungsbescheid zustellen ließ, sich nochmals mit Ihren Gesundheitsstörungen befassen. Wenn die neuen Erkenntnisse, das heißt nachgereichte Untersuchungsbefunde, ausreichen, kann der bisherige GdB oder ein Teil-GdB korrigiert oder heraufgesetzt werden. Hierüber wird Ihnen ein Abhilfe- oder Teilabhilfebescheid nach § 86 Abs. 1 SGG erteilt.

Wenn das Versorgungsamt den eingereichten Widerspruch abschlägig beschieden hat, wird Ihnen ein Widerspruchsbescheid zugestellt, der die Begründung der Entscheidung und eine Rechtsbehelfsbelehrung mit Nennung des Sozialgerichts, das für eine eventuelle Klage zuständig ist, enthält. Die Klage ist innerhalb eines Monats zu erheben.

> **Praxis-Tipp:**
> Vor der Begründung Ihres Widerspruchs sollten die Teil-GdBs, das heißt die Bewertung der einzelnen Gesundheitsstörungen, durch Antrag auf Akteneinsicht in Erfahrung gebracht werden.

Recht auf Akteneinsicht

§ 25 SGB X sichert das Recht auf Akteneinsicht. Dieses kann beim zuständigen Versorgungsamt beantragt werden. Das Amt hat lediglich zu prüfen, ob dem Antragsteller aus der Kenntnis des medizinischen Akteninhalts Nachteile gesundheitlicher Art (psychische Konfliktsituation etwa durch Nachricht über Metastasen oder über Alzheimer) entstehen können. In solch einem Fall kann der Inhalt der Unterlagen durch einen Arzt vermittelt werden.

Der gerichtliche Weg

Die Klage

Vor einem Sozialgerichtsprozess sollte man bei ernsthaftem Anlass keine Angst haben, da das Verfahren selbst sehr bürgerfreundlich gestaltet ist.

Eine Klage vor dem Gericht kann man durch ein formloses Schreiben erheben oder dafür die Hilfe von Rechtsanwälten, Fachanwälten für Sozialrecht oder zugelassenen Rechtsbeiständen von Gewerkschaften oder anderen sozial- oder berufspolitischen Verbänden in Anspruch nehmen.

Eine rechtsanwaltliche Vertretung des Klägers ist weder für die erste Instanz (Sozialgericht) noch für das weitere Verfahren vor dem Landessozialgericht (zweite Instanz) zwingend vorgeschrieben.

In der Klageschrift sollte man darauf achten, dass folgende Punkte zum Ausdruck kommen:

Inhalt der Klage

Worum geht es bei der Klage, welchen Feststellungen des Feststellungsbescheids des Versorgungsamts widersprechen Sie?

Beispiel:

Ich widerspreche der Feststellung, dass mein Bandscheibenschaden nur mit 20 Prozent Teil-GdB gewürdigt wurde.

Begründung des Widerspruchs

Womit begründen Sie Ihren Widerspruch gegen die einzelnen Feststellungen?

Beispiel:

Es handelt sich bei meinem Bandscheibenschaden um Bandscheibenvorfälle an zwei verschiedenen Abschnitten der Wirbelsäule, außerdem wurden Komplikationen, wie Nervenkompression und angeborene Fehlhaltung, nicht berücksichtigt.

Der gerichtliche Weg

Belege

Die vorstehende Behauptung muss mit ärztlichen Untersuchungsbefunden (orthopädisch-fachärztlicher Bericht, Röntgen-, CT-Bilder usw.) belegt werden. Es können auch Zeugen einer Behinderung benannt werden. Das sogenannte Beweismittel sollte klar und eindeutig sein. Auch wenn das Gericht den Sachverhalt „von Amts wegen" aufklärt, ist dringend anzuraten, im Prozess aktiv mitzuwirken und selbst die notwendigen Informationen, ggf. ärztliche Untersuchungsbefunde, Atteste oder Gutachten zu besorgen.

Auf die Wichtigkeit einer sehr sorgfältigen Klagebegründung wird besonders hingewiesen.

Die Aufklärungspflicht der Sozialgerichte

Der vorsitzende Richter der betreffenden Kammer ist verpflichtet, die Einzelheiten des Falls festzustellen und aufzuklären.

Das Sozialgerichtsgesetz (§ 106 SGG) unterscheidet sich hier wesentlich von den Vorschriften der Zivilprozessordnung. Dort müssen die Beteiligten (Kläger, Beklagter) von sich aus alle Beweismittel vorlegen bzw. benennen. Im Sozialgerichtsprozess ist dies – wie erwähnt – anders. Zur Durchführung der Aufklärungspflicht des Vorsitzenden kann dieser insbesondere:

- um Überlassung von Urkunden ersuchen
- Dokumentationen von ärztlichen Untersuchungen, Röntgenbilder etc. hinzuziehen
- Auskünfte jeglicher Art einziehen
- Zeugen und Sachverständige vernehmen oder auch eidlich durch den ersuchten Richter vernehmen lassen
- die Einnahme des Augenscheins sowie die Begutachtung durch Sachverständige anordnen und ausführen
- andere Sachverständige vorladen
- einen Termin anberaumen, das persönliche Erscheinen der Beteiligten (auch des Klägers) hierzu anordnen und den Sachverhalt mit diesen erörtern

Der Ausweis

Ärztliche Begutachtung

Die meisten Widersprüche und Klagen werden wegen medizinischer und nicht wegen formeller Gründe erhoben.

Im Verlauf des Prozesses beauftragen die Richter, um komplizierte medizinische Sachverhalte zu klären, in den meisten Fällen einen gerichtlichen Sachverständigen, das heißt einen ärztlichen Gutachter.

Ein unabhängiger Gutachter kann nicht nur vom Gericht, sondern auch von Ihnen vorgeschlagen werden (§ 109 SGG). Dieses Gutachten ist kein sogenanntes Partei- oder Privatgutachten, sondern gilt als eine Beweiserhebung durch das Gericht, das heißt als ob es von Amts wegen erstellt wäre.

Der ärztliche Gutachter (bzw. gerichtliche Sachverständige) hat Sie nach richterlichen Vorgaben zu untersuchen, um Ihre geltend gemachten Gesundheitsstörungen nach eigenem Eindruck und eigenen Feststellungen zu bewerten. Die Vorgaben sollten auf die bei Ihnen vorliegenden gesundheitlichen Besonderheiten Rücksicht nehmen.

Grundlagen der Begutachtung sind:

- der Feststellungsbescheid des Versorgungsamts über Ihre Behinderungen
- Ihr Widerspruch gegen den Feststellungsbescheid
- der Widerspruchsbescheid des Versorgungsamts
- Ihre in der Klageschrift formulierten Einwände gegen die im Widerspruchsbescheid beschriebenen Feststellungen des Versorgungsamts
- weitere ärztliche Untersuchungsbefunde zu bereits geltend gemachten oder im Verfahren neu aufgetretenen oder verschlimmerten Behinderungen
- persönliche Feststellungen des Gutachterarztes bei der gutachterlichen Untersuchung

Der Gutachter hat bei seiner ärztlichen Untersuchung eine andere Aufgabe als Ihr Hausarzt. Er prüft die durch die vorliegenden Erkrankungen verursachten Funktionsstörungen und Behinde-

Der gerichtliche Weg

rungen und setzt diese quantitativ in Beziehung mit dem vom Gesetzgeber gebotenen Nachteilsausgleich und den angebotenen Teilhabemöglichkeiten.

Alle Ihre behandelnden Ärzte, Fachärzte oder Klinikärzte einschließlich des Hausarztes haben die Aufgabe, Ihre Beschwerden abzuklären, die verursachenden Krankheiten zu diagnostizieren und zu behandeln.

Sie haben als Krankenversicherter Rechtsanspruch auf die genannten ärztlichen Leistungen. Das heißt, Sie selbst sind mitschuldig bei mangelhafter Kenntnis über die Ursache Ihrer Beschwerden bzw. Behinderungen. Um dies zu vermeiden, wird dringend angeraten, spätestens vor dem Widerspruch gegen einen Feststellungsbescheid des Versorgungsamts für die notwendige Klarheit über Ihre Gesundheitsstörungen zu sorgen. In dieser Weise können Sie dann auch den Gutachter bei seiner Arbeit – Ihrem Anliegen mit Argumenten Geltung zu verschaffen – unterstützen.

Wichtig: Es besteht Mitwirkungspflicht. Für den gesamten Bereich der Sozialverwaltung sind die Mitwirkungspflichten im Sozialgesetzbuch Erstes Buch geregelt (§ 60 ff. SGB I). Der Sozialleistungsträger kann vom Antragsteller verlangen, dass er sich ärztlichen und psychologischen Untersuchungsmaßnahmen unterzieht.

Nach Abschluss der Beweisermittlungen wird vom Richter entweder ein „Termin zur Erörterung" festgesetzt, an dem eine Einigung der Parteien (Kläger und Sozialamt) möglich ist, oder die mündliche Verhandlung anberaumt. Hier können Sie oder Ihr Rechtsvertreter die Argumente nochmals vortragen und den Behauptungen des Versorgungsamts widersprechen. Am Schluss der mündlichen Verhandlung fällt das Gericht das Urteil.

Das Gerichtsurteil

Das Sozialgericht entscheidet in der Regel durch Urteil (§ 125 SGG). Es kann, sofern in der Ladung auf diese Möglichkeit hingewiesen wurde, nach Lage der Akten entscheiden, wenn zu einem Termin keiner der Beteiligten erscheint oder beim Ausbleiben von Beteiligten die erschienenen Beteiligten dies beantragen.

Der Ausweis

Aus dem Urteil müssen die Entscheidungsgründe ersichtlich sein (§ 136 SGG). Außerdem ist die Darstellung des Tatbestandes erforderlich. Diese kann durch eine Bezugnahme auf den Inhalt der vorbereitenden Schriftsätze und auf die zur Sitzungsniederschrift erfolgten Feststellungen ersetzt werden, soweit sich aus ihnen der Sach- und Streitstand richtig und vollständig ergibt. In jedem Falle sind jedoch die erhobenen Ansprüche genügend zu kennzeichnen und die dazu vorgebrachten Angriffs- und Verteidigungsmittel ihrem Wesen nach hervorzuheben.

Das Gerichtsverfahren endet mit:

- der Anerkennung der Ansprüche, einem Vergleich bzw. einer Klagerücknahme bei fehlender Aussicht auf Erfolg
- der Kostenfestsetzung
- dem Hinweis auf Berufungsmöglichkeit

5 Wann Berufung zulässig ist

Berufung gegen die Entscheidung des Sozialgerichts kann nur erhoben werden, wenn dies im Urteil zugelassen ist (§ 144 SGG). Wird die Berufung ausgeschlossen, kann hingegen Beschwerde beim Sozialgericht oder Landessozialgericht (nächste Instanz) eingelegt werden (§ 145 SGG). Die Entscheidung darüber fällt das Landessozialgericht.

Die Berufung selbst ist beim Landessozialgericht innerhalb eines Monats nach Zustellung des Urteils einzureichen (§ 151 SGG). Die Frist hat also die gleiche Länge wie die zur Einreichung der Klage. Hier läuft der Monat von der Zustellung des Widerspruchbescheids an.

Auch beim Landessozialgericht besteht die Aufklärungspflicht des Vorsitzenden (des jeweiligen Senats).

Im Berufungsverfahren vor einem Landessozialgericht spielt der medizinische Sachverständige eine wichtige Rolle. Er agiert im Auftrag und nach Vorgaben des Richters oder auf Antrag des Klägers, der zugelassen werden muss. Die Gestaltung des medizinischen sachverständigen Gutachtens richtet sich nach den Voraussetzungen, Regeln und der Zielsetzung, wie bereits beim

Der gerichtliche Weg

Sozialgerichtsverfahren beschrieben. Der Gutachter muss sämtliche, im laufenden Verfahren bereits erstellte medizinische Gutachten zusätzlich zu den vom Patienten vorgetragenen und bei der Untersuchung gewonnenen Daten aufarbeiten und in seine gutachterlichen Feststellungen einfließen lassen.

Zielsetzung des ärztlichen Gutachters ist es, Ihre Restgesundheit und eine damit verbundene Restleistungsfähigkeit und daraus resultierende Einsetzbarkeit auf dem allgemeinen Arbeitsmarkt exakt festzustellen. Es ist vom Kläger hier ebenso zu beachten, dass Verschlimmerung, Auftreten von Komplikationen, neu festgestellte Erkrankungen während des Verfahrens vorgetragen und nachgewiesen werden sollten.

Wichtig: Trotz der zermürbenden Prozessbelastung kann nur eine positive Mitarbeit den Gutachter in die Lage versetzen, einem berechtigten Begehren zur Geltung zu verhelfen.

Wann Revision möglich ist

Gegen die Entscheidung des Landessozialgerichts ist Revision vor dem Bundessozialgericht möglich. Hier besteht allerdings Anwaltszwang. Die Revision muss im Berufungsurteil zugelassen werden. Gegen eine Nichtzulassung ist Nichtzulassungsbeschwerde vor dem Bundessozialgericht möglich (§§ 160, 160a SGG).

Das Bundessozialgericht klärt den Sachverhalt aber nicht mehr auf. Vielmehr handelt es sich hier um eine reine Rechtsinstanz. Es wird geprüft, ob das Landessozialgericht das geltende Recht richtig angewandt hat. Ist das Bundessozialgericht der Meinung, dass die Aufklärung durch die Vorinstanz nicht ausreichend erfolgte, wird der Fall an die Vorinstanz zurückverwiesen (§ 170 SGG).

Achtung: Wenn Kläger und Beklagter einverstanden sind, kann die zweite Instanz (Landessozialgericht) übergangen und gleich Revision (als Sprungrevision bezeichnet) eingelegt werden (§ 161 SGG).

Gerichtskosten

Sowohl das Widerspruchsverfahren als auch der Gerichtsprozess sind im Bereich der Sozialgerichtsbarkeit kostenfrei. Es können

Der Ausweis

allerdings Mutwillenskosten aufkommen, wenn das Verfahren beispielsweise verschleppt wird.

Das Gericht entscheidet im Urteil, ob dem Beschwerdeführer Rechtsanwaltskosten (Rechtsverfolgungskosten) ersetzt werden. Auch im Widerspruchsverfahren sind diese Kosten zu ersetzen, wenn der Widerspruch erfolgreich war (§ 63 SGB X).

Kostenfreiheit gilt allerdings nicht, wenn das Gericht nach § 109 SGG auf Antrag des Klägers einen vom Kläger bestimmten Arzt als Gutachter beauftragt. Ein solches Gutachten kann das Gericht davon abhängig machen, dass der Kläger die Gutachtenkosten vorschießt und vorbehaltlich einer anderen Entscheidung des Gerichts erklärt, die Kosten endgültig zu tragen. Ein § 109-Gutachten kann das Gericht ablehnen, wenn es der Ansicht ist, dass dieses nur zum Verschleppen des Verfahrens dient.

Nachteilsausgleiche

Kündigungsschutz 142
Beschäftigungspflicht der Arbeitgeber 148
Weitere Nachteilsausgleiche in Zusammenhang mit dem
Beruf 152
Sonstige Vergünstigungen... 154

Kündigungsschutz

Der Kündigungsschutz für schwerbehinderte Menschen wird in den §§ 85 bis 92 SGB IX (ab 01.01.2018: §§ 168 bis 175 SGB IX) geregelt. Das entsprechende Kapitel des SGB IX trägt die Überschrift „Kündigungsschutz". Oftmals wird hier aber auch vom Bestandsschutz oder vom Beendigungsschutz gesprochen.

§ 85 SGB IX (ab 01.01.2018: § 168 SGB IX) bestimmt als Grundsatz, dass die Kündigung des Arbeitsverhältnisses eines schwerbehinderten Menschen durch den Arbeitgeber der vorherigen Zustimmung des Integrationsamts bedarf.

In Praxis und Fachschrifttum wird auch vom besonderen Kündigungsschutz gesprochen.

Wichtig: Der Kündigungsschutz gilt sowohl für schwerbehinderte Menschen als auch für ihnen gleichgestellte Arbeitnehmer.

Der Sonderkündigungsschutz gilt für alle schwerbehinderten und ihnen gleichgestellte Arbeitnehmer, also insbesondere für:

- Vollzeitkräfte
- Teilzeitkräfte, also auch für
  - geringfügig entlohnte Beschäftigte
  - kurzzeitig Beschäftigte
- Leiharbeitnehmer
- leitende Mitarbeiter, wie Abteilungsleiter, Geschäftsführer
- Auszubildende
- Heimarbeiter

Wie in der vorstehenden Aufstellung erwähnt, gilt der Sonderkündigungsschutz auch für Heimarbeiter, obwohl diese keine Arbeitnehmer sind. Auf sonstige arbeitnehmerähnliche Personen (z. B. Mitglieder von Vertretungsorganen) ist der besondere Kündigungsschutz nicht anzuwenden. Er ist allerdings dann anzuwenden, wenn zwischen juristischer Person und Vertretungsorgan ein Arbeitsverhältnis vereinbart wurde. Es handelt sich dann allerdings nicht um einen Arbeitsvertrag, wenn ein Geschäftsführerdienstvertrag abgeschlossen wurde.

Kündigungsschutz

Bei Zugang der Kündigung muss die Schwerbehinderteneigenschaft bzw. die Gleichstellung vorliegen. Allgemein wird anerkannt, dass es ausreicht, wenn zum Zeitpunkt des Zugangs der Kündigung die Eigenschaft der Schwerbehinderung nachgewiesen wurde.

Nach allgemeiner Auffassung muss der Arbeitnehmer seinen Arbeitgeber spätestens einen Monat nach Kündigungszugang über seine Schwerbehinderung oder Gleichstellung unterrichten oder darüber, dass ein entsprechender Antrag gestellt worden ist.

Die Mitteilung muss gegenüber dem Arbeitgeber erfolgen. Allerdings reicht es auch aus, wenn Mitarbeiter des Arbeitgebers, die zur selbstständigen Entlassung von Arbeitnehmern berechtigt sind, informiert werden.

Eine besondere Form ist für die Mitteilung des Arbeitnehmers nicht erforderlich.

Ist lediglich der Antrag auf Anerkennung als Schwerbehinderter gestellt, der Arbeitgeber aber rechtzeitig informiert worden, geht Letzterer bei Aufrechterhaltung der Kündigung das Risiko ein, dass bei einer späteren Feststellung der Schwerbehinderteneigenschaft die Kündigung wegen fehlender Zustimmung des Integrationsamts nichtig ist.

Der Sonderkündigungsschutz ist unabdingbar. Es ist auch nicht möglich, dass der schwerbehinderte Mensch auf ihn verzichtet. Das Arbeitsverhältnis kann aber auch aus „sonstigen Gründen" enden, ohne dass das Sonderkündigungsrecht zur Anwendung gelangt (z. B. befristeter Arbeitsvertrag).

Kündigt der schwerbehinderte Mensch selbst (Eigenkündigung), dann gibt es genauso wenig einen Kündigungsschutz wie in dem Fall, in dem ein Aufhebungsvertrag zwischen Arbeitnehmer und Arbeitgeber abgeschlossen wird.

Wichtig: Der schwerbehinderte Mensch riskiert in einem solchen Fall, dass ihm vorübergehend die besonderen Hilfen für schwerbehinderte Menschen entzogen werden.

Nachteilsausgleiche

Das Integrationsamt muss auch dann nicht zustimmen, wenn der Arbeitsvertrag wegen

- Irrtum,
- arglistiger Täuschung oder
- widerrechtlicher Drohung

angefochten wird.

In diesem Zusammenhang ist auch von Bedeutung, ob der schwerbehinderte Arbeitnehmer verpflichtet ist, seinem Arbeitgeber bei der Einstellung über die Schwerbehinderteneigenschaft zu unterrichten. Die Frage ist allerdings umstritten.

Unbestritten dagegen ist, dass der Arbeitnehmer nur auf zulässige Fragen antworten muss. Ob eine Frage zulässig ist, richtet sich danach, ob der Arbeitgeber an ihrer Beantwortung ein berechtigtes, billigenswertes und schutzwürdiges Interesse im Hinblick auf das Arbeitsverhältnis hat. Ist die Behinderung so stark, dass die angestrebte Tätigkeit offensichtlich nicht ausgeführt werden kann, hat der Arbeitgeber ein solches berechtigtes Interesse. Auch dann, wenn der Arbeitnehmer nur einen Teil der betreffenden Arbeit erledigen könnte, wird ein berechtigtes Interesse im Allgemeinen unterstellt.

> **Praxis-Tipp:**
> Gewerkschaftlich organisierte Arbeitnehmer sollten in solchen Fällen vor der entscheidenden Besprechung mit dem (zukünftigen) Arbeitgeber mit ihrer Gewerkschaft sprechen. Besteht keine Gewerkschaftszugehörigkeit, können solche Fragen auch mit Behindertenorganisationen besprochen werden.

Fehlt es an einem berechtigten Interesse des Arbeitgebers, muss der schwerbehinderte Mensch auf die Frage nach der Schwerbehinderteneigenschaft nicht wahrheitsgemäß antworten. Dies gilt nicht nur bei der Einstellung, sondern beispielsweise auch während der ersten sechs Monate des Beschäftigungsverhältnisses, in

Kündigungsschutz

denen eine Kündigung ohne Zustimmung des Integrationsamts durch den Arbeitgeber erfolgen kann.

Wichtig: Die Kündigungsfrist beträgt mindestens vier Wochen. Dabei ist es gleichgültig, ob die Kündigung in den ersten sechs Monaten des Arbeitsverhältnisses oder danach – hier mit Zustimmung des Integrationsamts – ergeht.

Ausdrücklich vorgeschrieben ist, dass der Arbeitgeber die Zustimmung zur Kündigung bei dem für den Sitz seines Betriebes oder seiner Dienststelle zuständigen Integrationsamt beantragen muss. Der Antrag muss schriftlich erfolgen.

Das Integrationsamt ist verpflichtet, eine Stellungnahme der zuständigen Agentur für Arbeit, des Betriebsrats oder Personalrats (öffentlicher Dienst) und der Schwerbehindertenvertretung einzuholen. Außerdem muss das Integrationsamt den schwerbehinderten Menschen anhören.

Die Entscheidung des Amts wird sowohl dem Arbeitgeber als auch dem Schwerbehinderten zugestellt. Die Agentur für Arbeit erhält eine Abschrift der Entscheidung.

Erteilt das Integrationsamt die Zustimmung zur Kündigung, kann der Arbeitgeber die Kündigung nur innerhalb eines Monats nach Zustellung des entsprechenden Bescheids erklären.

Wichtig: Widerspruch oder Anfechtungsklage gegen die Zustimmung des Integrationsamts zur Kündigung haben keine aufschiebende Wirkung.

Das Integrationsamt entscheidet nach seinem pflichtgemäßen Ermessen, ob die Kündigung zugelassen wird. § 89 SGB IX (ab 01.01.2018: § 172 SGB IX) schränkt dieses Ermessen aber in bestimmten Fällen ein.

So erteilt das Amt die Zustimmung bei Kündigungen in Betrieben und Dienststellen, die nicht nur vorübergehend eingestellt oder aufgelöst werden. Voraussetzung ist, dass zwischen dem Tag der Kündigung und dem Tag, bis zu dem Gehalt oder Lohn gezahlt wird, mindestens drei Monate liegen.

Unter der gleichen Voraussetzung soll es die Zustimmung auch bei Kündigungen in Betrieben und Dienststellen erteilen, die

Nachteilsausgleiche

nicht nur vorübergehend wesentlich eingeschränkt werden. Im Gegensatz zum zuerst geschilderten Sachverhalt wird der Betrieb hier nicht eingestellt, sondern seine Tätigkeit nur eingeschränkt. Voraussetzung für die Erteilung der Zustimmung im Fall der wesentlichen Einschränkung ist aber, dass die Gesamtzahl der weiterhin beschäftigten schwerbehinderten Menschen zur Erfüllung der Beschäftigungspflicht ausreicht. Beachten Sie zur Beschäftigungspflicht des Arbeitgebers auch die nächsten Seiten.

Die Erteilung der Zustimmung nach den vorstehenden Grundsätzen entfällt allerdings, wenn eine Weiterbeschäftigung auf einem anderen Arbeitsplatz desselben Betriebes oder derselben Dienststelle oder auf einem freien Arbeitsplatz in einem anderen Betrieb oder einer anderen Dienststelle desselben Arbeitgebers möglich ist. Die Beschäftigung auf einem solchen Arbeitsplatz kann aber nur mit Einverständnis des Schwerbehinderten erfolgen. Außerdem muss dies für den Arbeitgeber zumutbar sein.

Das Integrationsamt soll im Übrigen die Zustimmung zur Kündigung erteilen, wenn dem schwerbehinderten Menschen ein anderer angemessener und zumutbarer Arbeitsplatz gesichert ist.

6 Ist das Insolvenzverfahren über das Vermögen des Arbeitgebers eröffnet, soll das Integrationsamt die Zustimmung erteilen, wenn bestimmte Voraussetzungen erfüllt sind:

- Der schwerbehinderte Mensch muss in einem Interessenausgleich nach der Insolvenzordnung namentlich als einer der zu entlassenden Arbeitnehmer bezeichnet werden,

- die Schwerbehindertenvertretung muss beim Zustandekommen des Interessenausgleichs beteiligt worden sein,

- der Anteil der nach dem Interessenausgleich zu entlassenden Schwerbehinderten an der Zahl der beschäftigten Schwerbehinderten darf nicht größer sein als der Anteil der zu entlassenden übrigen Arbeitnehmer an der Zahl der beschäftigten übrigen Arbeitnehmer und

- die Gesamtzahl der Schwerbehinderten, die nach dem Interessenausgleich bei dem Arbeitgeber verbleiben sollen, muss zur Erfüllung seiner Beschäftigungspflicht ausreichen.

Kündigungsschutz

Die Regelungen zum Schutz vor einer ordentlichen Kündigung gelten auch bei einer außerordentlichen Kündigung, soweit sich nicht aus den nachfolgenden Ausführungen etwas anderes ergibt. Maßgebend sind hier die Vorschriften des § 91 SGB IX (ab 01.01.2018: § 174 SGB IX). In einem solchen Fall kann die Zustimmung zur Kündigung nur innerhalb von zwei Wochen beantragt werden. Dabei ist der Eingang des Antrags beim Integrationsamt maßgebend. Die Frist beginnt mit dem Zeitpunkt, in dem der Arbeitgeber von den für die Kündigung maßgebenden Tatsachen Kenntnis erlangt.

Das Integrationsamt trifft die Entscheidung innerhalb von zwei Wochen, gerechnet vom Tag des Antragseingangs an.

Wichtig: Wird innerhalb dieser Frist keine Entscheidung getroffen, gilt die Zustimmung als erteilt.

Das Integrationsamt soll die Zustimmung erteilen, wenn die Kündigung aus einem Grund erfolgt, der nicht im Zusammenhang mit der Behinderung steht.

Nach Erteilung der Zustimmung durch das Integrationsamt muss die Kündigung unverzüglich erfolgen.

§ 92 SGB IX (ab 01.01.2018: § 175 SGB IX) sieht einen erweiterten Beendigungsschutz vor. Danach bedarf die Beendigung des Arbeitsverhältnisses eines schwerbehinderten Mitarbeiters auch dann der vorherigen Zustimmung des Integrationsamts, wenn sie im Fall

- des Eintritts einer teilweisen Erwerbsminderung,
- der Erwerbsminderung auf Zeit,
- der Erwerbsunfähigkeit auf Zeit

ohne Kündigung erfolgt. Die bisherigen Erläuterungen über die Zustimmung zur ordentlichen Kündigung gelten entsprechend.

Ausnahmen vom Kündigungsschutz

Grundsatz: Kündigungsschutz für schwerbehinderte Menschen

Ausnahmen:

- Keine Anwendung der Vorschriften über den Kündigungsschutz
- Arbeitsverhältnis hat ohne Unterbrechung noch keine sechs Monate gedauert → zum Zeitpunkt, in dem das Kündigungsschreiben zugeht
- die Beschäftigung erfolgt auf bestimmten Stellen →
  - Beschäftigung dient nicht dem Erwerb, sondern in erster Linie karitativen oder religiösen Beweggründen – gilt auch für Geistliche
  - Beschäftigung dient nicht dem Erwerb, sondern vorwiegend der Heilung, Wiedereingliederung oder Erziehung
  - an arbeitsbeschaffungs- oder Strukturmaßnahmen teilgenommen wird
  - die betreffende Person in die Stelle gewählt wurde
- Vollendung des 58. Lebensjahres: es besteht Anspruch auf eine Abfindung, Entschädigung oder ähnliche Leistung aufgrund eines Sozialplans
- es besteht Anspruch auf Knappschaftausgleichsleistung oder auf Anpassungsgeld für Entlassene des Bergbaus
- Voraussetzung: Arbeitgeber teilt Kündigungsabsicht rechtzeitig mit und der schwerbehinderte Mensch widerspricht bis zum Anspruch der Kündigung nicht

Beschäftigungspflicht der Arbeitgeber

Private und öffentliche Arbeitgeber sind unter bestimmten Voraussetzungen verpflichtet, schwerbehinderte Menschen zu beschäftigen. Die Arbeitgeber müssen allerdings über mindestens 20 Arbeitsplätze verfügen. Auf wenigstens 5 Prozent der Arbeits-

Beschäftigungspflicht der Arbeitgeber

plätze müssen sie Schwerbehinderte beschäftigen. Die erwähnten 5 Prozent werden als Beschäftigungspflichtquote bezeichnet.

Bei der Erfüllung der Beschäftigungspflicht sind schwerbehinderte Frauen besonders zu berücksichtigen. Begründet wird dies damit, dass behinderte Frauen es doppelt schwer haben, als Frauen und Schwerbehinderte, Arbeitgeber von ihrer Leistungsfähigkeit zu überzeugen. Ganz besonders haben sie – so die allgemeine Auffassung – mit Vorurteilen zu kämpfen. Die Höhe der Pflichtquote wird sich gesetzlich ändern, wenn die Zahl arbeitsloser Schwerbehinderter sich nicht um einen bestimmten Prozentsatz vermindert.

Bei der Berechnung der Mindestzahl von Arbeitsplätzen und der Zahl der Arbeitsplätze, auf denen Schwerbehinderte zu beschäftigen sind, zählen Stellen, auf denen Auszubildende beschäftigt werden, nicht mit. Das Gleiche gilt für Stellen, auf denen Rechts- oder Studienreferendare und -referendarinnen beschäftigt werden, die einen Rechtsanspruch auf Einstellung haben.

Bei der Berechnung sich ergebende Bruchteile von 0,5 und mehr sind aufzurunden, bei Arbeitgebern mit jahresdurchschnittlich bis zu 50 Arbeitsplätzen sind sie abzurunden.

Jeder Schwerbehinderte, der auf einem Arbeitsplatz beschäftigt wird, wird auf einen Pflichtarbeitsplatz für Schwerbehinderte angerechnet.

Das Gleiche gilt für einen schwerbehinderten Menschen, der in Teilzeitbeschäftigung kürzer als betriebsüblich, aber nicht weniger als 18 Stunden wöchentlich beschäftigt wird.

Wird ein schwerbehinderter Mensch weniger als 18 Stunden wöchentlich beschäftigt, lässt die Agentur für Arbeit die Anrechnung auf einen dieser Pflichtarbeitsplätze zu, wenn die Teilzeitbeschäftigung wegen Art oder Schwere der Behinderung notwendig ist.

Auch ein schwerbehinderter Arbeitgeber wird auf einen Pflichtarbeitsplatz für schwerbehinderte Menschen angerechnet.

Die Agentur für Arbeit kann die Anrechnung eines Schwerbehinderten auf mehr als einen Pflichtarbeitsplatz zulassen. Das gilt insbesondere, wenn der Schwerbehinderte zu einer der besonderen

Nachteilsausgleiche

Gruppen schwerbehinderter Menschen gehört (siehe dazu das vorstehende Schaubild).

Beschäftigungspflich für besondere Gruppen schwerbehinderter Menschen

Schwerbehinderte Menschen, die nach Art oder Schwere ihrer Behinderung im Arbeitsleben besonders betroffen sind

→ Schwerbehinderte Menschen, die das 50. Lebensjahr vollendet

↓

Insbesondere schwerbehinderte Menschen,

↓

die zur Ausübung der Beschäftigung wegen ihrer Behinderung nicht nur vorübergehend einer besonderen Hilfskraft bedürfen

oder ↓

deren Beschäftigung infolge ihrer Behinderung nicht nur vorübergehend mit außergewöhnlichen Anwendungen für den Arbeitgeber verbunden ist

oder ↓

die infolge ihrer Behinderung nicht nur vorübergehend offensichtlich nur eine wesentlich verminderte Arbeitsleistung erbringen können

oder ↓

bei denen ein GdB von wenigstens 50 allein infolge geistiger oder seelischer Behinderung oder eines Anfallleidens vorliegt

oder ↓

die wegen Art oder Schwere der Behinderung keine abgeschlossene Berufsbildung haben

Die Zulassung erfolgt auf nicht mehr als drei Pflichtarbeitsplätze. Voraussetzung ist, dass die Teilhabe am Arbeitsleben bei dem betreffenden schwerbehinderten Arbeitnehmer auf besondere

Beschäftigungspflicht der Arbeitgeber

Schwierigkeiten stößt. Die Mehrfachanrechnung gilt auch für teilzeitbeschäftigte schwerbehinderte Menschen. Im Übrigen darf die Beschäftigung – damit eine Mehrfachanrechnung überhaupt erfolgen kann – nicht auf einer Stelle vorgenommen werden, die nicht als Arbeitsplatz gilt (siehe auch das Schaubild zu Ausnahmen vom Kündigungsschutz).

Für einen schwerbehinderten Arbeitnehmer werden während der beruflichen Ausbildung zwei Pflichtarbeitsplätze für schwerbehinderte Menschen angerechnet. Im Übrigen kann die Agentur für Arbeit die Anrechnung auf drei Pflichtarbeitsplätze für schwerbehinderte Menschen zulassen, wenn die Vermittlung in eine berufliche Ausbildungsstelle wegen Art oder Schwere der Behinderung auf besondere Schwierigkeiten stößt.

Solange Arbeitgeber die vorgeschriebene Zahl von Schwerbehinderten nicht beschäftigen, entrichten sie für jeden unbesetzten Pflichtarbeitsplatz für schwerbehinderte Menschen monatlich eine Ausgleichsabgabe.

Wichtig: Die Zahlung der Ausgleichsabgabe hebt die Pflicht zur Beschäftigung schwerbehinderter Menschen nicht auf.

Die Ausgleichsabgabe erhöht sich entsprechend der Veränderung der jährlich bekannt gegebenen Bezugsgröße. Sie erhöht sich zum 01.01. eines Kalenderjahres, wenn sich die Bezugsgröße seit der letzten Neubestimmung um wenigstens 10 Prozent erhöhte.

Die Ausgleichsabgabe zahlt der Arbeitgeber jährlich zeitgleich mit der Erstattung einer besonderen Anzeige an das für seinen Sitz zuständige Integrationsamt.

Das Integrationsamt erlässt, wenn ein Arbeitgeber mehr als drei Monate mit der Zahlung der Ausgleichsabgabe im Rückstand ist, einen Feststellungsbescheid über die rückständigen Beträge und zieht diese ein. Es werden auch Säumniszuschläge erhoben.

Weitere Nachteilsausgleiche in Zusammenhang mit dem Beruf

Technische und finanzielle Hilfen

Als weiteren Nachteilsausgleich in Zusammenhang mit der beruflichen Tätigkeit sind technische und finanzielle Hilfen zur Sicherung des Arbeitsplatzes zu nennen. Es geht hier zum Beispiel um die Beschaffung von Kraftfahrzeugen, wenn der Behinderte wegen der Behinderung für die Fahrt zwischen Wohnung und Arbeitsstelle auf ein Kraftfahrzeug angewiesen ist.

Zuständig für die Leistungsgewährung sind sowohl die Integrationsämter als auch die Renten- und Unfallversicherungsträger im Rahmen ihrer gesetzlich vorgesehenen Leistungspflicht.

Begünstigte Personen sind schwerbehinderte Menschen mit einem GdB von 50 und höher sowie Gleichgestellte mit einem GdB von 30 oder 40. Zum Anspruchsnachweis genügt der Schwerbehindertenausweis bzw. ggf. der Gleichstellungsbescheid der Agentur für Arbeit.

6 Zusätzlicher Urlaub

Nach § 125 SGB IX haben schwerbehinderte Menschen Anspruch auf einen bezahlten zusätzlichen Urlaub von fünf Arbeitstagen im Urlaubsjahr. Verteilt sich die regelmäßige Arbeitszeit des Schwerbehinderten auf mehr oder weniger als fünf Arbeitstage in der Kalenderwoche, erhöht oder vermindert sich der Zusatzurlaub entsprechend.

Allerdings ist es möglich und zulässig, dass tarifliche, betriebliche oder sonstige Urlaubsregelungen einen längeren Zusatzurlaub für schwerbehinderte Menschen vorsehen.

> **Praxis-Tipp:**
> Erkundigen Sie sich nach der Höhe Ihrer Urlaubsansprüche:
> - beim Arbeitgeber bzw. beim Lohn- oder Gehaltsbüro
> - beim Betriebs- oder Personalrat
> - bei der für Sie zuständigen Gewerkschaft

- beim Arbeitsgericht – dort gibt es in der Regel eine Beratungsstelle für arbeitsrechtliche Angelegenheiten

Schwerbehindertenvertretung

In Zusammenhang mit dem Beruf eines schwerbehinderten Menschen kommt der Schwerbehindertenvertretung eine besondere Rolle zu. Sie ist in Betrieben und Dienststellen zu wählen, in denen wenigstens fünf Schwerbehinderte nicht nur vorübergehend beschäftigt sind (§ 94 SGB IX; ab 01.01.2018: § 177 SGB IX).

Die Aufgaben der Schwerbehindertenvertretung werden in § 95 SGB IX (ab 01.01.2018: § 177 SGB IX) geregelt. Danach fördert die Schwerbehindertenvertretung die Eingliederung schwerbehinderter Menschen in den Betrieb oder die Dienststelle, vertritt ihre Interessen und steht ihnen beratend und helfend zur Seite.

Wichtig: Die Schwerbehindertenvertretung unterstützt Beschäftigte nach ausdrücklicher Vorschrift des § 95 Abs. 1 Satz 3 SGB IX (ab 01.01.2018: § 178 Abs. 1 Satz 3 SGB IX) auch bei Anträgen auf Feststellung einer Behinderung, ihres Grads oder einer Schwerbehinderung sowie bei Anträgen auf Gleichstellung an die Agentur für Arbeit.

Der Arbeitgeber hat die Schwerbehindertenvertretung in allen Angelegenheiten, die einen einzelnen oder die schwerbehinderten Menschen als Gruppe berühren, unverzüglich und umfassend zu unterrichten und vor einer Entscheidung anzuhören. Er hat ihr die getroffene Entscheidung unverzüglich mitzuteilen.

Der schwerbehinderte Arbeitnehmer hat das Recht, bei Einsicht in die über ihn geführte Personalakte oder ihn betreffende Daten des Arbeitgebers die Schwerbehindertenvertretung hinzuzuziehen. Die Schwerbehindertenvertretung bewahrt über den Inhalt der Daten Stillschweigen (Datenschutz), soweit sie der Betroffene nicht von dieser Verpflichtung entbunden hat.

Die Schwerbehindertenvertretung hat das Recht, an allen Sitzungen des Betriebs- oder Personalrates und deren Ausschüssen sowie des Arbeitsschutzausschusses beratend teilzunehmen. Sie kann beantragen, Angelegenheiten, die einzelne oder die schwer-

Nachteilsausgleiche

behinderten Menschen als Gruppe besonders betreffen, auf die Tagesordnung der nächsten Sitzung zu setzen.

Sieht sie einen Beschluss des Betriebs- oder Personalrats als eine erhebliche Beeinträchtigung wichtiger Interessen schwerbehinderter Menschen oder wurde sie entgegen der obigen Ausführungen nicht beteiligt, wird auf ihren Antrag der Beschluss für die Dauer von einer Woche vom Zeitpunkt der Beschlussfassung an ausgesetzt.

Die Schwerbehindertenvertretung hat das Recht, mindestens einmal im Kalenderjahr eine Versammlung der Schwerbehinderten im Betrieb oder in der Dienststelle durchzuführen.

Ist für mehrere Betriebe eines Arbeitgebers ein Gesamtbetriebsrat oder für den Geschäftsbereich mehrerer Dienststellen ein Gesamtpersonalrat errichtet, wählen die Schwerbehindertenvertretungen der einzelnen Betriebe oder Dienststellen eine Gesamtschwerbehindertenvertretung. Nähere Einzelheiten hierzu ergeben sich aus § 97 SGB IX (ab 01.01.2018: § 180 SGB IX).

Zu erwähnen ist zudem § 99 SGB IX (ab 01.01.2018: § 182 SGB IX). Danach arbeiten Arbeitgeber, Beauftragte des Arbeitgebers, Schwerbehindertenvertretung und Betriebs- oder Personalrat zur Teilhabe schwerbehinderter Menschen am Arbeitsleben im Betrieb oder in der Dienststelle eng zusammen.

Sonstige Vergünstigungen

In Kapitel 5 wird im Zusammenhang mit den Merkzeichen auf die jeweils maßgebenden Nachteilsausgleiche hingewiesen.

Weitere Nachteilsausgleiche sind:

- Benutzung von Zügen der 1. Klasse mit Fahrausweis der 2. Klasse: Begünstigte Personen sind schwer kriegsbeschädigte Menschen mit GdB 70 bis 100 und Merkzeichen „1. Klasse". Zuständige Stelle: Fahrkartenausgabe der Deutschen Bahn, Reisebüros. Erforderliche Unterlagen: Schwerbehindertenausweis.

  Hilfsmittel, wie Rollstühle, werden kostenlos befördert. Begleitpersonen reisen kostenlos (Voraussetzung: Merkzeichen „B" im Schwerbehindertenausweis). Außerdem gibt es bei der

Sonstige Vergünstigungen

Bahn zahlreiche Sonderregelungen. Bitte informieren Sie sich hierzu direkt bei den Servicestellen der Bahn.

- Freiwilliger Beitritt in die gesetzliche Krankenversicherung innerhalb von drei Monaten nach Feststellung der Schwerbehinderung und Vorliegen weiterer versicherungsrechtlicher Voraussetzungen. Begünstigte Personen sind Schwerbehinderte mit GdB 50 und höher. Zuständige Stellen sind: Krankenkasse, Versicherungsamt der Gemeinde. Erforderliche Unterlagen: Schwerbehindertenausweis, Feststellungsbescheid des Versorgungsamts.

- Altersrente für Schwerbehinderte unter bestimmten Voraussetzungen (siehe auch Kapitel 1).

- Höhere Einkommensfreibeträge für Wohngeld. Begünstigte Personen: Schwerbehinderte ab einem GdB von 80 und vorliegender Hilflosigkeit (siehe auch Kapitel 5) oder Pflegegeld bei einem GdB von 100. Zuständige Stellen: Gemeinde-, Stadt-, Kreisverwaltung, Amt für Wohnungswesen. Erforderliche Unterlagen: Schwerbehindertenausweis, Bescheid über Pflegegeld etc.

- Gestaffelte höhere Freibeträge für Wohnungsbauförderung. Begünstigte Personen: Schwerbehinderte ab GdB 50 und Gleichgestellte (GdB 30 oder 40). Zuständige Stelle: Gemeinde-, Stadt-, Kreisverwaltung, Amt für Wohnungswesen. Erforderliche Unterlagen: Schwerbehindertenausweis, Feststellungsbescheinigung, F-Bescheinigung und Gleichstellungsbescheid der Agentur für Arbeit (siehe auch Kapitel 5).

- Erleichterung der Bauvorschriften (z. B. Grenzbebauung einer Garage, Rampe etc). Begünstigte Personen: Schwerbehinderte ab GdB 50. Zuständige Stellen: Gemeinde-, Stadt-, Kreisverwaltung, Baubehörde. Erforderliche Unterlagen: Schwerbehindertenausweis.

- Eventuell Gebührenbefreiung bei Wohnungskauf etc. Begünstigte Personen: Schwerbehinderte Menschen mit GdB 50 und höher. Zuständige Stellen: Gerichte, Notare. Erforderliche Unterlagen: Schwerbehindertenausweis.

Nachteilsausgleiche

- Widerspruchsmöglichkeit gegen Wohnungskündigung bei besonderer Härte. Begünstigte Personen: Schwerbehinderte ab GdB 50. Zuständige Stellen: Vermieter, Amtsgericht. Erforderliche Unterlagen: Schwerbehindertenausweis, ärztliches Attest.

- Vorzeitige Verfügung über Sparbeiträge ohne Abzüge bei Bausparverträgen oder Ähnliches. Begünstigte Personen: Schwerbehinderte mit GdB 100. Zuständige Stellen: Geldinstitut, Bausparkasse. Erforderliche Unterlagen: Schwerbehindertenausweis.

- Ermäßigung für Kurtaxe um 1/3 bis 1/2. Begünstigte Personen: Schwerbehinderte ab GdB 50. Zuständige Stelle: Kurverwaltung. Erforderliche Unterlagen: Schwerbehindertenausweis.

- Absetzung der Aufwendungen für eine Haushaltshilfe bis zu einem Betrag von jährlich 924 Euro. Begünstigte Personen: Schwerbehinderte ab einem GdB von 50. Zuständige Stelle: Finanzamt. Erforderliche Unterlagen: Schwerbehindertenausweis.

Die vorstehende Aufstellung ist – wie bereits erwähnt – in Zusammenhang mit den Ausführungen zu den einzelnen Merkzeichen (siehe Kapitel 5) zu sehen. Außerdem erhebt sie keinen Anspruch auf Vollständigkeit. Es gibt hier noch zahlreiche regionale Besonderheiten, beispielsweise Preisermäßigungen bei Eintritt in Zoologische Gärten, Museen, unter Umständen sogar bei Kinovorstellungen etc.

In Zusammenhang mit den Nachteilsausgleichen spielen die bereits mehrfach erwähnten Integrationsämter eine besondere Rolle.

Stichwortverzeichnis

Agentur für Arbeit 149
Akteneinsicht 133
Aktengutachten 55, 92
Aktenlage 55
Altersrente 34, 155
Änderung des Ausweises 129
Anerkennung der Schwerbehinderteneigenschaft 23, 86, 90, 112
Anfechtungsklage 145
Angriffsmittel 138
Antrag 62, 73
Antragsformular 70
Antragsteller 61, 66, 68, 104, 111
Antragstellung 60, 86, 101
Antragsvordruck 65
Arbeitgeber 61, 143, 148, 153
Arbeitsplatz 15
Arbeitsunfähigkeit 40
Ärztliche Begutachtung 136
Atmungsorgan 105, 117
Attest 72, 135
Aufenthalt 15
Aufklärungspflicht 135
Augenschein 135
Ausgleichsabgabe 151
Auskunftspflicht 63
Auskunftsstelle 64
Ausscheidungsorgan 108
Außengutachter 92

Bandscheibenvorfall 134
Bausparvertrag 156
Bauvorschrift 155
Beeinträchtigungen von Steuerungsfunktionen 17
Befundbericht 82

Befundrecherche 79
Begleitperson 115, 119, 127
Begleitschäden 109
Begutachtung 53, 87, 136
Behinderteneigenschaft 60
Behinderten-Pauschbetrag 124
Behinderung 12, 21, 62, 136
Behinderungsgrad 57
Beistand 76
Belastungen, berufliche 19
Belastung, psychische 109
Belastungszustände, seelische 52
Beratungsgespräch 71, 130
Berufliche Orientierung 15
Berufsausbildung 15
Berufsunfähigkeit 39
Berufungsmöglichkeit 138
Berufungsurteil 139
Beschäftigungspflicht 146, 148
Bescheid 86
Beschwerde 43, 80
Beschwerden 137
Beschwerdenanalyse 57
Bewegungsmangel 18
Beweisermittlung 137
Beweismittel 65, 135
Beweiswert 45
Bewertungsempfehlung 92
Blindheit 126

Datenschutz 69, 82
Diagnose 42, 44, 50
Diagnosefindung 57
Dienstunfähigkeit 40
Dokumentation 135

Einkommensfreibetrag 155

Stichwortverzeichnis

Einziehung des Ausweises 130
Entschädigungsrecht 39
Erörterung 137
Erwerbsfähigkeit 25, 31
Erwerbsminderung 17, 32, 147
Erwerbsminderungsrente 31, 60, 68
Erwerbsunfähigkeit 39, 147
Erwerbsunfähigkeitsrente 33, 34, 83

Fachanwälte 134
Fachgutachten 92
Fahrausweis 154
Fehlhaltung 135
Feststellung 65
Feststellung der Schwerbehinderteneigenschaft 86, 92, 94
Feststellungsbescheid 36, 87, 94, 96, 129, 130, 151
Folgeschäden 58
Freibetrag 155
Frührente 19, 31, 39
Funktionsstörung 42, 45, 48, 57, 79, 99, 119, 131
Fürsorgebedürftigkeit 13

Ganzheitsmedizin 111
Gebührenbefreiung 155
Gehbehinderung 113, 116
Gehörlose 115
Gehörlosendolmetscher 115
Gelenkbeweglichkeit 72
Genforschung 21
Gerechtigkeit, soziale 23
Gerichtskosten 139
Gerichtsurteil 137
Gesundheitsschaden 12, 101, 105

Gesundheitsstörung 21, 42, 46, 48, 49, 61, 70, 78, 82, 93, 98, 104, 111
Gewerkschaft 76, 144, 153
Gleichstellungsantrag 112
Grad der Behinderung 15, 38, 46, 111
Gültigkeitsdauer 129
Gutachten 135, 140
Gutachter 56, 104, 136, 139

Handlungsfähigkeit 74
Hausarzt 136
Haushaltshilfe 156
Heilungsbewährung 51, 95, 110
Herz- und Gefäßsystem 104
Hilflosigkeit 120
Hörbehinderte 115

Insolvenzverfahren 146
Integration 22
Integrationsamt 15, 144, 146
Interessenausgleich 146
Interessenvertretung 77

Jugendliche 14
Junge Erwachsene 14

Klagerücknahme 138
Klageschrift 134
Körperliche Anomalien 19
Kostenfestsetzung 138
Kostenfreiheit 140
Kraftfahrzeugsteuer 117, 123
Krankenversicherung 155
Krankheitsfolge 37
Krankheitssymptome 43
Kündigungsschutz 142, 143
Kurtaxe 156

Stichwortverzeichnis

Landessozialgericht 134, 138
Lebensumstände 29
Leistungen zur Teilhabe 24, 28
Leistungsfähigkeit 51
Leistungskatalog 28
Leistungsminderung 37, 38
Leistungsträger 25, 63, 64, 68

Merkzeichen 95, 112, 114, 129
Minderung der Erwerbsfähigkeit 38
Mitwirkungspflicht 65, 68, 91, 137
Mutwillenskosten 140

Nachprüfung 94, 95
Nachteilsausgleich 13, 37, 94, 113, 118, 152
Nervenkompression 135
Neubewertung 84
Neufeststellungsantrag 84

Operation 71
Organische Erkrankungen 17

Personalakte 153
Pflegebedürftigkeit 25
Pflegegeld 83
Pflegegrad 126
Pflege-Pauschbetrag 125
Pflichtarbeitsplatz 149
Pflichtquote 149
Prävention 20, 21
Prävention, tertiäre 21
Privatsphäre 79
Progression 71
Prozessbelastung 139

Rechtsanwälte 134
Rechtsbeistände 134
Rechtsmittelbelehrung 87, 96

Rechtsverfolgungskosten 140
Rehabilitation 21, 25
Rentenabschlag 35
Rentenansprüche 24
Rentenartfaktor 32
Rentenhöhe 35
Rentenversicherung 39
Rente wegen Erwerbsminderung 68
Retention 108
Revision 139
Risikofaktoren 18, 21
Rollstuhl 116
Röntgenbilder 135
Routinediagnostik 102

Sachverständiger 136
Schädigungsfolgen 38
Schlaganfall 104
Schmerz 51, 102, 103, 108
Schriftsätze 138
Schutzimpfungen 19
Schutzrecht 37
Schweigepflicht 91
Schwerbehinderte Menschen 12, 117, 120, 127, 144
Schwerbehindertenausweis 114, 117
Schwerbehinderteneigenschaft 23, 36, 42, 71, 102, 104, 144
Schwerbehindertengesetz 15
Schwerbehindertenvertretung 153
Schwerbehinderung 19, 22, 38, 69
Schwerbeschädigten-Feststellung 65
Schwerbeschädigung 38
Sehbehinderung 126
Sekundärprävention 21
Selbstbestimmung 29

Stichwortverzeichnis

Servicestellen 64
Sonderkündigungsschutz 142
Sozialdaten 70
Sozialgeheimnis 70
Sozialgericht 134
Sozialleistung 74
Sozialversicherungsträger 83
Sparbeitrag 156
Steuerermäßigung 114, 124
Straßenverkehr 118

Teilhabe am Arbeitsleben 15
Teilhabe schwerbehinderter Menschen 13
Termin 135, 137
Therapie 47, 57

Unabhängigkeit 12
Untersuchungsbefund 43, 61, 82, 135
Untersuchungsmethode 44
Urkunde 135
Urteil 137

Verbandsfunktionär 132
Verdauungsorgan 106

Vergleich 138
Verlust des Ausweises 130
Verschlimmerung 132
Versorgung, medizinische 22
Versorgungsamt 25, 37, 45, 61, 65, 73
Verteidigungsmittel 138
Vollmacht 75
Vollrente 34

Widerspruch 140, 145
Widerspruchsbescheid 133
Widerspruchsverfahren 130
Wirbelsäule 134
Wirbelsäulenbeweglichkeit 72
Wohngeld 155
Wohnsitz 15
Wohnung 15
Wohnungsbauförderung 155
Wohnungskauf 155
Wohnungskündigung 156

Zeuge 135
Zusatzurlaub 152